外研社·HSK课堂系列
HSK Class Series

U0587281

4级

全真模拟试题集
Model Tests for HSK

◎ 主 编／骆 琳
◎ 副主编／牛长伟 钱玉琼

外语教学与研究出版社
北京

图书在版编目（CIP）数据

HSK全真模拟试题集．4级 ／ 骆琳主编．-- 北京：外语教学与研究出版社，2016.12（2019.3 重印）
（外研社·HSK课堂系列）
ISBN 978-7-5135-6260-7

Ⅰ．①H… Ⅱ．①骆… Ⅲ．①汉语－对外汉语教学－水平考试－习题集 Ⅳ．①H195.6

中国版本图书馆 CIP 数据核字（2016）第 322706 号

出 版 人　蔡剑峰
责任编辑　李彩霞　刘虹艳
执行编辑　汤梦焯
封面设计　姚 军
出版发行　外语教学与研究出版社
社　　址　北京市西三环北路 19 号（100089）
网　　址　http://www.fltrp.com
印　　刷　北京虎彩文化传播有限公司
开　　本　889×1194　1/16
印　　张　11.5
版　　次　2017 年 3 月第 1 版 2019 年 3 月第 4 次印刷
书　　号　ISBN 978-7-5135-6260-7
定　　价　48.00 元（含 MP3 光盘一张）

购书咨询：（010）88819926　电子邮箱：club@fltrp.com
外研书店：https://waiyants.tmall.com
凡印刷、装订质量问题，请联系我社印制部
联系电话：（010）61207896　电子邮箱：zhijian@fltrp.com
凡侵权、盗版书籍线索，请联系我社法律事务部
举报电话：（010）88817519　电子邮箱：banquan@fltrp.com
物料号：262600001

出版说明

　　"外研社·HSK课堂系列"是根据孔子学院总部/国家汉办2015版《HSK考试大纲》编写的一套训练学生听、说、读、写各方面技能的综合性考试教材。

　　2009年，国家汉办推出新汉语水平考试（简称新HSK），在吸收原有HSK优点的基础上，借鉴国际语言测试研究的最新成果，提出"考教结合"的原则，为汉语学习者提供了新的汉语水平测试和学习平台。为帮助考生熟悉新HSK考试，有效掌握应试策略和备考方法，并真正提高汉语能力，外语教学与研究出版社推出了"外研社·新HSK课堂系列"，含综合教程、专项突破、词汇突破、全真模拟试卷等多个子系列产品。该系列自推出后受到广大读者的广泛好评，销量居同类图书前列，不少品种均多次重印。

　　2015年，孔子学院总部/国家汉办对2009版大纲进行修订，根据主题式教学和任务型教学的理论及方法，增加了话题大纲、任务大纲，改进了语言点大纲，并细化了词汇大纲。针对2015版大纲的最新变化，并结合广大教师及考生对"外研社·新HSK课堂系列"提出的宝贵意见和建议，外研社组织具有丰富HSK教学及研究经验的专家、教师编写了这套全新的"外研社·HSK课堂系列"。

　　"外研社·HSK课堂系列"旨在帮助考生掌握HSK的考试特点、应试策略和应试技巧，培养考生在真实考试情境下的应对能力，进而真正提高考生的汉语语言能力。全套丛书既适用于课堂教学，又适用于自学备考，尤其适用于考前冲刺。

本系列包含如下产品：

● "21天征服HSK教程"系列

● "HSK专项突破"系列

● "HSK词汇"系列(含词汇突破、词汇宝典)

● "HSK通关：攻略·模拟·解析"系列

● "HSK全真模拟试题集"系列

本系列具有如下主要特点：

全新的HSK训练材料

● 详细介绍HSK考试，全面收录考试题型，提供科学系统的应试方案和解题技巧。

● 根据最新HSK大纲，提供大量典型例题、专项强化训练和模拟试题。

● 对HSK全部考点进行详细讲解和答题技巧分析，帮助考生轻松获得高分。

● 所有练习均为模拟训练模式，让考生身临其境，提前备战。

全面、翔实的备考指导

● 再现真实课堂情境，帮助考生计划时间，针对考试中出现的重点和难点提供详细指导，逐步消除考生的紧张心理。

● 将汉语技能融合到考点中讲授，全面锻炼考生的汉语思维，有效提高考生在HSK考试中的应试能力。

● 提供多套完整的模拟试题和答案解析，供考生在学习完之后，根据自身隋况进行定时和非定时测验。

● 试题训练和实境测试紧密结合，图书与录音光盘形成互动。所有听力试题在光盘中均有相应内容，提供的测试时间与真实考试完全一致，考生能及时了解自身水平。

我们衷心希望外研社的这套"HSK课堂系列"能够为考生铺就一条HSK考试与学习的成功之路，同时为教师解除教学疑惑，共同迎接美好的未来。

目　录

汉语水平考试 HSK（四级）全真模拟试卷 ① ………………………………………… 1

HSK（四级）全真模拟试卷 ① 听力材料 …………………………………………… 20

HSK（四级）全真模拟试卷 ① 答案 ………………………………………………… 28

汉语水平考试 HSK（四级）全真模拟试卷 ② ………………………………………… 31

HSK（四级）全真模拟试卷 ② 听力材料 …………………………………………… 49

HSK（四级）全真模拟试卷 ② 答案 ………………………………………………… 57

汉语水平考试 HSK（四级）全真模拟试卷 ③ ………………………………………… 59

HSK（四级）全真模拟试卷 ③ 听力材料 …………………………………………… 77

HSK（四级）全真模拟试卷 ③ 答案 ………………………………………………… 84

汉语水平考试 HSK（四级）全真模拟试卷 ④ ………………………………………… 87

HSK（四级）全真模拟试卷 ④ 听力材料 …………………………………………… 106

HSK（四级）全真模拟试卷 ④ 答案 ………………………………………………… 114

汉语水平考试 HSK（四级）全真模拟试卷 ⑤ ………………………………………… 117

HSK（四级）全真模拟试卷 ⑤ 听力材料 …………………………………………… 136

HSK（四级）全真模拟试卷 ⑤ 答案 ………………………………………………… 144

汉语水平考试 HSK（四级）全真模拟试卷 ⑥ ………………………………………… 147

HSK（四级）全真模拟试卷 ⑥ 听力材料 …………………………………………… 166

HSK（四级）全真模拟试卷 ⑥ 答案 ………………………………………………… 174

汉语水平考试 HSK（四级）答题卡 …………………………………………………… 177

汉 语 水 平 考 试

HSK（四级）全真模拟
试卷①

注　　意

一、HSK（四级）分三部分：

   1. 听力（45题，约30分钟）

   2. 阅读（40题，40分钟）

   3. 书写（15题，25分钟）

二、听力结束后，有5分钟填写答题卡。

三、全部考试约105分钟（含考生填写个人信息时间5分钟）。

一、听 力

第一部分

第1-10题：判断对错。

例如：我打算去成都旅游，不知道你暑假有没有时间。如果有时间，我们可以一起去旅游吗？

★ 他打算去成都旅游。 (✓)

我现在很少去教室自习，不是因为我不想去，而是因为最近天气不好，天天下雨，所以我觉得去教室自习很麻烦。

★ 他现在经常去教室自习。 (×)

1. ★ 美兰买的裤子不应该这么贵。 ( )

2. ★ 他刚刚从成都回到武汉。 ( )

3. ★ 他去了很多地方，除了北京。 ( )

4. ★ 马克暑假可能会参加一个汉语学习班。 ( )

5. ★ 海南岛的冬天很冷。 ( )

6. ★ 他的手机在修理师傅那儿。 ( )

7. ★ 没有人挨老师的批评。 ( )

8. ★ 张小明没有爱好。 ( )

9. ★ 上海堵车很厉害。 ( )

10. ★ 每周三和周五，他在咖啡店工作。 ( )

第二部分

第11-25题：请选出正确答案。

例如：女：快点儿走吧，马上要上课了！

男：没关系的，现在是两点半上课，还有半个小时呢！

问：现在是什么时候？

A 两点半　　　　B 上课了　　　　C 两点 ✓　　　　D 不知道

11. A 她不愿意告诉他　　　　　　B 她有一个三岁的小孩儿

C 这个题太简单了　　　　　　D 她不开心

12. A 他不想去　　　　　　　　　B 他不知道上海

C 他想以后去　　　　　　　　D 他非常想去

13. A 这两天去　　B 不去　　C 不想去　　D 还没定

14. A 4000 元　　B 3699 元　　C 6000 元　　D 4199 元

15. A 两个多星期　　B 六个多星期　　C 三个星期　　D 半个月

16. A 他不想点菜　　B 他不听话　　C 他很恭敬　　D 他来点菜

17. A 男的很有能力　　　　　　　B 男的没有本事

C 男的没有钱　　　　　　　　D 电影票太便宜了

18. A 他不知道　　B 他不相信　　C 女的说错了　　D 他不羡慕

19. A 刘东不是个好女孩儿　　　　B 男的汉语很好

C 刘东总是说些让别人失望的话　　D 刘东倒了很多冷水

20. **A** 晚上很早睡觉的人　　　　**B** 一种很漂亮的鸟儿

　　C 早上很晚起床的人　　　　**D** 晚上不睡、早上不起的人

21. **A** 她的专业不如男的　　　　**B** 男的的专业不如她的专业

　　C 她的专业现在很受欢迎　　**D** 她的专业人太多了

22. **A** 他们学院搬家了　　　　　**B** 生命科学院赢了

　　C 他们学院赢了　　　　　　**D** 孔夫子搬家了

23. **A** 女的的电脑在修理店里　　**B** 男的正在修电脑

　　C 男的很会修电脑　　　　　**D** 女的只认识这个男的

24. **A** 家里平时一直很干净

　　B 小妹只打扫了厕所

　　C 小妹把客厅打扫了三遍

　　D 小妹把客厅、厨房、厕所都打扫了

25. **A** 一米九三　　　**B** 一米八六　　　**C** 一米八九　　　**D** 一米九九

第三部分

第26-45题：请选出正确答案。

例如：男：玛丽，你去哪里啊？

女：去开会啊，不是说今天下午三点钟在留学生办公室开会吗？你还不去？

男：是吗？我怎么不知道啊！没有人告诉我。

女：现在我不是告诉你了吗？快点儿准备准备，我们一起去吧！

男：太谢谢你了，幸亏遇到你了。

问：今天在哪里开会？

A 在留学生办公室 ✓   B 在教室

C 在图书馆   D 在玛丽的宿舍

26. A 弹钢琴   B 弹吉他   C 找工作   D 上课

27. A 13698627591   B 18651356291

    C 13697626952   D 18651156291

28. A 男的去北京开会   B 男的带着孩子去北京开会

    C 女的在家带孩子   D 他们带着孩子去北京开会

29. A 这事一定要小李来处理   B 小张没有小李聪明

    C 小李马上就回来了   D 有人急死了

30. A 先唱歌，再吃饭   B 吃饭的时候唱歌不礼貌

    C 吃饭的时候不应该唱歌   D 吃饭的时候唱歌很有道理

31. A 男的跟姚明一样高   B 男的不喜欢张华

    C 男的不是张华喜欢的类型 D 张华觉得一米八已经很高了

32. **A** 女的觉得杨明来得太早了　　　　**B** 女的很会说笑话

　　C 杨明下次来会坐飞机　　　　　　**D** 杨明迟到了，女的很不高兴

33. **A** 女的很会买衣服　　　　　　　　**B** 他很喜欢女孩儿的衣服

　　C 太便宜的衣服质量可能不好　　　**D** 衣服好不好没关系，便宜就行

34. **A** 12.3 元　　　　**B** 8.8 元　　　　**C** 12 元　　　　**D** 13.8 元

35. **A** 在卧室的椅子上　　　　　　　　**B** 在红色毛衣的口袋里

　　C 在蓝色上衣的口袋里　　　　　　**D** 在毛衣的下面

36. **A** 在培训班学汉语　　　　　　　　**B** 学习中医治病

　　C 常用电话聊天儿　　　　　　　　**D** 准备毕业论文

37. **A** 回国　　　　　　　　　　　　　**B** 看汉语书

　　C 和朋友打电话聊天儿　　　　　　**D** 上汉语培训班

38. **A** 超市旁边　　　**B** 超市对面　　　**C** 学校里　　　**D** 书店对面

39. **A** 洗衣服　　　　**B** 擦地板　　　　**C** 洗碗　　　　**D** 擦窗户

40. **A** 粉红色　　　　**B** 小麦色　　　　**C** 蓝色　　　　**D** 白色

41. **A** 天空、白云、小鸟　　　　　　　**B** 海滩、游艇

　　C 太阳镜、山峰　　　　　　　　　**D** 游客、汉字

42. **A** 毛衣、皮鞋、背包、袜子、眼镜

　　B 裤子、布鞋、背包、手套、眼镜

　　C 毛衣、凉鞋、背包、袜子、望远镜

　　D 裤子、皮鞋、背包、袜子、望远镜

43. **A** 300 元　　　　**B** 400 元　　　　**C** 280 元　　　　**D** 220 元

44. **A** 30 分钟　　　**B** 3 分钟　　　　**C** 45 分钟　　　　**D** 3 个小时

45. **A** 50 元　　　　**B** 150 元　　　　**C** 60 元　　　　　**D** 100 元

二、阅 读

第一部分

第 46-50 题：选词填空。

A 过　　B 流行　　C 看起来　　D 坚持　　E 态度　　F 注意

例如：她每天都（ D ）走路上下班，所以身体一直很不错。

46. 减肥的同时也要（ 　 ）身体健康，不能有了美丽却丢了健康。

47. 这块儿蛋糕（ 　 ）不怎么新鲜了，还是别吃了。

48. 他和妻子结婚以后，感情一直特别好，（ 　 ）着让人羡慕的幸福生活。

49. 幽默是一种积极的生活（ 　 ），幽默的人总能看到事情积极的那一面。

50. 现在城市里越来越（ 　 ）骑公共自行车上下班。

第 51-55 题：选词填空。

A 反对   **B** 打扰   **C** 帮助   **D** 周围   **E** 提高   **F** 温度

例如：A：今天真冷啊，好像白天最高（ F ）才 2℃。

B：刚才电视里说明天更冷。

51. A：这个加油站（   ）一个超市都没有。

B：是啊，如果有个超市就方便多了，加完油还可以顺便买点儿东西。

52. A：听说公司正在考虑（   ）我们的工资和奖金。

B：真的吗？那真是太好了！

53. A：你出国的事情办得怎么样了？

B：还没有结果呢，关键是我父母（   ），他们不愿意让我去那么远的地方。

54. A：谢谢你请我来你家吃晚饭，你做的菜味道好极了。

B：不客气。来，吃点儿水果吧，饭后吃点儿水果可以（   ）消化。

55. A：对不起，（   ）了，请问这是李教授家吗？今天是教师节，我代表同学们来给教授送花儿。

B：是的，不过他现在不在家，请进来等他吧。

第 二 部 分

第 56-65 题：排列顺序。

例如：**A** 可是今天起晚了

    B 平时我骑自行车上下班

    C 所以就打车来公司   B A C

56. **A** 但是并不是喝得越多越好

    B 每天喝一到两次最合适

    C 喝茶对人体健康有好处   _____

57. **A** 塔拉尔的汉语说得不是很好

    B 可是他只是在家里自己学习，很少跟别的学生交流

    C 虽然他学习很努力   _____

58. **A** 大学毕业以后

    B 找工作对我来说不难，因为我的专业很热门

    C 就要开始找工作了   _____

59. **A** 发传真的时候要注意

    B 先要拨通对方的电话，告诉对方你要给他发传真

    C 等听到"嘟"的一声时，再按"开始"键   _____

60. **A** 老师已经讲过的语法点他还是不知道

　　B 小王的学习态度不好

　　C 不知道的原因是他每次上课都迟到　　　　＿＿＿＿＿＿

61. **A** 不仅要能讲流利的外语

　　B 还需要有与人沟通的能力

　　C 做一名外语导游　　　　＿＿＿＿＿＿

62. **A** 其他动物也有自己的语言

　　B 人与人之间的交流是通过语言进行的

　　C 这些动物语言有声音语言，也有肢体语言　　　　＿＿＿＿＿＿

63. **A** 雨后的早晨，小草变绿了

　　B 昨天夜里下雨了

　　C 它们散发出来的香味让人陶醉　　　　＿＿＿＿＿＿

64. **A** 由此可以看出，科技改变了我们的生活

　　B 现在方便了，可以打电话、发信息或者视频聊天

　　C 以前要想跟人联系，一般都用写信的方式　　　　＿＿＿＿＿＿

65. **A** 而且发展至今已经有约二百年的历史了

　　B 分布地以北京为中心，遍及中国

　　C 京剧是中国的传统戏曲　　　　＿＿＿＿＿＿

第 三 部 分

第 66-85 题：请选出正确答案。

例如：她很活泼，说话很有趣，总能给我们带来快乐，我们都很喜欢和她在
　　　一起。

　　　　★ 她是个什么样的人？

　　　A 幽默 ✓　　　　　**B** 马虎　　　　　**C** 骄傲　　　　　**D** 害羞

66. 刚来中国的时候，大家都听不懂我说的汉语。可现在不一样了，朋友们都
　　觉得我的发音跟中国人的没有什么差别。

　　　★ 现在"我"的发音怎么样？

　　　A 很标准　　　　**B** 很不清楚　　　　**C** 很不流利　　　　**D** 很难懂

67. 妈妈做菜总是喜欢放很多盐，特别是做四川菜和湖南菜的时候。我跟
　　她说我不喜欢放太多盐的菜，每次她都说知道了知道了，结果还是忘
　　记了。

　　　★ 妈妈做的菜味道怎么样？

　　　A 很辣　　　　**B** 很苦　　　　**C** 很咸　　　　**D** 很酸

68. 北京，简称"京"，是中华人民共和国首都，有三千多年的历史。北京是中
　　国的政治和文化中心，也是经济中心之一。她的气候特点是夏季炎热，冬
　　季寒冷。现在，世界各国的人都喜欢去北京旅游，2008 年的奥运会更让大
　　家认识了北京，认识了中国。

　　　★ 北京：

　　　A 有三千年的历史　　　　　　　**B** 夏天很凉快

　　　C 是中国的首都　　　　　　　　**D** 是中国唯一的经济中心

69. 以前，中国人上班或者上学习惯骑自行车、坐公共汽车或者出租车，但是现在，越来越多的人喜欢坐地铁。因为坐地铁不但方便，不用担心堵车，而且里面有空调，夏天不热，冬天不冷，非常舒适。

★ 下面哪句话是对的？

   A 坐地铁花钱多　　　　　　　**B** 坐地铁会堵车

   C 坐地铁很舒服　　　　　　　**D** 坐地铁不方便

70. 简直不敢相信，才半年时间，杰瑞的个子就这么高了。半年前那个因为身高而让我们非常同情的小伙子完全不见了。

★ 杰瑞以前什么样？

   A 很伤心　　　**B** 个子矮　　　**C** 很有趣　　　**D** 并不帅

71. 马兰最近经常去办公室和大使馆，因为她要准备成绩证明、护照和签证，而且还要跟纽约大学的教授们联系，所以忙得不得了，我们几乎见不到她。

★ 马兰可能在干什么？

   A 去教书　　　**B** 申请留学　　　**C** 去旅游　　　**D** 准备考试

72. 这个题真是太难了，我试了很多种方法，还是没有答案。唉，管不了这么多了，再做不出来我就不做了。

★ "我"打算怎么办？

   A 坚持　　　**B** 推迟　　　**C** 放弃　　　**D** 尝试

73. 本杰明经常忘记应该做什么。昨天他坐公共汽车去火车站接女朋友，在那里等了三个小时，可是他的女朋友在哪里呢？她在机场等他呢。

★ 本杰明的女朋友怎么来的？

   A 坐火车　　　**B** 坐出租车　　　**C** 坐公共汽车　　　**D** 坐飞机

74. 会一门外语对我们来说很有帮助，如果你会说另一个国家的语言，你不仅可以和这个国家的人交流，去这个国家旅游不需要翻译，而且可以了解这个国家的文化，并向他们介绍自己国家的文化。

★ 这段话主要说的是：

A 学习外语很有帮助　　　　B 交流感情很有必要

C 介绍文化很重要　　　　　D 去别国旅游很有意思

75. 小丽今年才六岁，但是她非常懂礼貌。看见跟爸爸妈妈年龄差不多的人，就叫叔叔阿姨；看见比自己大的就叫哥哥姐姐；坐公共汽车，还主动给老爷爷老奶奶让座，大家都很喜欢她。

★ 懂礼貌是小丽的：

A 缺点　　　　B 重点　　　　C 观点　　　　D 优点

76. 塑料袋很轻很便宜，去超市买东西的时候人们都习惯使用它。可是，现在越来越多的人选择不用塑料袋。一是塑料袋与食品接触后，对身体健康不利；二是塑料袋容易污染环境；三是国家提倡购物的时候尽量不使用塑料袋。

★ 这段话主要谈了什么？

A 不使用塑料袋的原因　　　B 环境污染很严重

C 超市不卖塑料袋的原因　　D 身体健康很重要

77. 爱情是什么？我觉得真正的爱情是以互相喜欢、互相关心、互相尊重、互相鼓励、互相支持为基础的。你爱的人伤心的时候你会伤心，你爱的人快乐的时候你会快乐。他（她）是你生命的一部分。

★ 爱一个人不会怎么样？

A 支持这个人　　　　　　　B 鼓励这个人

C 想念这个人　　　　　　　D 无视这个人

78. 科学家发现性格跟颜色有很大关系。一般喜欢红色、橘色、黄色的人很热情，容易兴奋和激动；喜欢绿色、蓝色的人，很友好，很负责；而喜欢黑色或者灰色的人，一般做事冷静。

★ 乔治是班长，为人友善有责任心，根据这段话，他可能喜欢什么颜色？

A 红色　　　　B 灰色　　　　C 白色　　　　D 蓝色

79. 4月的第一天，我收到了很多朋友发来的手机信息，祝我节日快乐。打开电脑，QQ上也有朋友祝我节日快乐。我感到奇怪，拿起日历一看，发现今天是愚人节。

★ 今天是几月几号？

A 3月8号　　　　B 5月1号　　　　C 4月1号　　　　D 2月14号

80-81.

最近，超市很多东西都在打折，有的还买一送一。笔记本电脑打八五折，电子词典打七折；帽子、毛巾、裤子、袜子买一送一；买巧克力，赠送面包；买果汁赠送咖啡；啤酒买五瓶送一瓶；盘子买一打送两个；筷子买三打送六双。妈妈知道这个消息后，去超市买了一大堆东西回来。结果，钱包里的钱全花光了。

★ 妈妈买了一台笔记本电脑花了7871元人民币，如果不打折，应该花多少钱？

A 6428元　　　　B 98056元　　　　C 87065元　　　　D 9260元

★ 妈妈还买了两打盘子、三打筷子和五瓶啤酒，她实际可以得到多少东西？

A 28个盘子、36双筷子和6瓶啤酒

B 24个盘子、9双筷子和7瓶啤酒

C 28个盘子、42双筷子和6瓶啤酒

D 24个盘子、9双筷子和7瓶啤酒

82-83.

我的父亲是大学教授，他的学生们都很喜欢他，我却一直很怕他，因为他对我的要求非常严格。不管是学习还是生活，他都希望我能做到最好。我爱他、尊重他，但我不理解他。我不希望由他来安排我的生活。所以，当我离开家一个人去美国留学后，就再也没有回过家。现在，我多么希望我从来没有离开过，多么希望能跟他说声对不起，只是这一切都太晚了。

★ 现在"我"觉得怎么样？

A 后悔　　　　B 轻松　　　　C 难受　　　　D 同情

★ 根据这段话，下面哪句话是对的？

    A 父亲对学生要求不严格，他不是个好老师

    B 我爱父亲，所以我尊重父亲的意见

    C 我的生活是父亲安排的

    D 父亲可能去世了

84-85.

看到阿姨家的一切，我大吃一惊。几年前，阿姨家哪里会有这么高级的家具、电脑、电视机、冰箱啊！那个时候，阿姨一家四口住在20平方米的房子里；现在呢，房子可大了，还有了各种电器，在家里就可以看电影，上网聊天、购物。但是，听表姐说，阿姨还跟以前一样，一分钱作两分钱用，衣服旧了也不买新的，即使买新的，也只买便宜的。

★ 根据短文，可以知道阿姨家怎么样？

    A 很穷   B 很丰富   C 很漂亮   D 变化很大

★ 你认为阿姨是个什么样的人？

    A 可怜的人   B 困难的人   C 节约的人   D 奇怪的人

三、书 写

第一部分

第 86-95 题：完成句子。

例如：那座桥　800 年的　历史　有　了

　　　　那座桥有 800 年的历史了。

86. 桌子上　和　是　学习用品　小王的电脑

87. 我　为了我们班　这件事　才做　的　是

88. 有了　生活水平　很大的　提高　我们的

89. 没有　一个人　也　教室里

90. 一幅　墙上　教室的　画儿　挂着

91. 从　跑过来　那边　一个　小女孩儿

92. 丢了　村子　牛　一头　那个

93. 他　就　吃完　晚饭　睡觉了　上床

94. 我　去　骑车　吃过早饭　上课　每天

95. 明天　超市　买些　去　东西　我们

第二部分

第 96-100 题：看图，用词造句。

例如：　　　　　　　　　　乒乓球　　她很喜欢打乒乓球。

96.　　　　　　认真

97.　　　　　　出差

98.　　　　　　牛奶

99.　　　　　　洗

100.　　　　　弹

HSK（四级）全真模拟试卷 ① 听力材料

（音乐，30秒，渐弱）

大家好！欢迎参加 HSK（四级）考试。

大家好！欢迎参加 HSK（四级）考试。

大家好！欢迎参加 HSK（四级）考试。

HSK（四级）听力考试分三部分，共 45 题。

请大家注意，听力考试现在开始。

第一部分

一共 10 个题，每题听一次。

例如：我打算去成都旅游，不知道你暑假有没有时间。如果有时间，我们可以一起去旅游吗？

  ★ 他打算去成都旅游。

  我现在很少去教室自习，不是因为我不想去，而是因为最近天气不好，天天下雨，所以我觉得去教室自习很麻烦。

  ★ 他现在经常去教室自习。

现在开始第 1 题：

1. 美兰买了一条牛仔裤，我觉得最多 120 块钱，可是她花了 320 块，肯定是被人骗了啊。

  ★ 美兰买的裤子不应该这么贵。

2. 今天我太高兴了。我刚刚从武汉回到成都，就接到爸爸打来的电话，他告诉我，哥哥就要结婚了。

  ★ 他刚刚从成都回到武汉。

3. 在中国生活了六个多星期，我觉得时间过得真是太快了。很多地方我都没有去玩儿，只去了北京。

  ★ 他去了很多地方，除了北京。

4. 马克暑假不打算回国，他爸爸希望他参加一个汉语学习班，利用放假时间学好汉语。

　　★ 马克暑假可能会参加一个汉语学习班。

5. 成都的冬天特别冷，所以一到冬天我就去海南岛旅游，那里温度高，非常暖和。

　　★ 海南岛的冬天很冷。

6. 今天我一直在找我的手机，客厅里没有，卧室里没有，厨房里也没有。后来我才想起来，前天手机坏了，我把它送到师傅那里修理去了。

　　★ 他的手机在修理师傅那儿。

7. 上个星期五我们去东湖吃"农家乐"，忘记做生物作业了。结果，所有同学都挨了老师的批评。

　　★ 没有人挨老师的批评。

8. 除了上网，张小明没有什么其他的爱好。

　　★ 张小明没有爱好。

9. 放假的时候我去上海旅游了。那里有很多很多的人、很多很多的车，所以，一到上班的时间就堵车，大家都觉得走路更方便。

　　★ 上海堵车很厉害。

10. 每周五我都在咖啡店工作，在那里我认识了一个中国女孩儿，每周三和周五是她的上班时间。

　　★ 每周三和周五，他在咖啡店工作。

第二部分

一共 15 个题，每题听一次。

例如：女：快点儿走吧，马上要上课了！

　　　　男：没关系的，现在是两点半上课，还有半个小时呢！

　　　　问：现在是什么时候？

现在开始第 11 题：

11. 男：这个题怎么做，你可以告诉我吗？

　　女：嗨，你真是的，这个题三岁的小孩儿都会做。

　　问：女的是什么意思？

12. 女：我去上海迪士尼游乐园玩儿了。你不知道，上海迪士尼真是大啊，而且漂亮极了！

　　男：唉，我要是可以去该多好啊！

　　问：男的是什么意思？

13. 男：杰克生病了，你看我们要不要去医院看看他？

　　女：我很想去，但是这两天我也感冒了，别传染给他。

　　问：女的去看杰克吗？

14. 女：今天我买了一双皮鞋，才花了 2000 块钱。

　　男：什么？照你这么说，我半个月的工资还不够你买双鞋。

　　问：男的工资可能是多少？

15. 男：玛丽这么快就回北京了，她怎么不在武汉多待几天啊？

　　女：你还要她多待几天？她只能在中国待六个多星期，光在武汉就待了半个多月。她又不是来旅游的，是来学习的啊！

　　问：玛丽在武汉待了多长时间？

16. 女：我想还是你来点菜吧，我第一次来这里吃饭，不太清楚哪个菜好吃，哪个菜不好吃。

　　男：那我就恭敬不如从命了。

　　问：男的是什么意思？

17. 男：《花木兰》的电影票我买到了，才 30 块钱。

　　女：这么便宜就买到了啊，你小子本事可真不小。

　　问：女的是什么意思？

18. 女：听说你的邻居小王昨天中了一百万彩票大奖啊，朋友们都羡慕极了。

　　男：不可能，哪有这样的好事！

　　问：男的为什么这么说？

19. 男：我本来想去北京参加"汉语桥"比赛的，但是刘东说我的汉语不好，
　　　我还是不要去了吧。
　　女：你别听她的，她就知道给人泼冷水。
　　问：女的是什么意思？

20. 女：晚上不睡，早上不起，你真是个夜猫子。
　　男：我怎么早上不起了？昨晚我根本就没有睡觉。
　　问：什么是"夜猫子"？

21. 男：我的专业是临床医学，你的呢？
　　女：我的专业是汉语国际教育，那可是很热门的哟！
　　问：女的是什么意思？

22. 女：嗨，你们学院与生命科学院的足球比赛怎么样？谁赢了啊？
　　男：别提了，我们学院是孔夫子搬家啊，只看见（书）输。
　　问：男的是什么意思？

23. 男：既然我来了，你的电脑就不用拿去修理店修理了。
　　女：我就知道你是个电脑专家。
　　问：他们是什么意思？

24. 女：哇，今天家里怎么这么干净？真是太阳从西边出来了啊！
　　男：这是小妹干的。她不仅打扫了客厅、厨房，还把厕所打扫了三遍。
　　问：他们说的是什么意思？

25. 男：你哥哥看起来很高啊，有一米九吧？
　　女：比一米九还高了三厘米呢！
　　问：女孩儿的哥哥有多高？

第三部分

一共 20 个题，每题听一次。

例如：男：玛丽，你去哪里啊？
　　　女：去开会啊，不是说今天下午三点钟在留学生办公室开会吗？你还
　　　　　不去？

男：是吗？我怎么不知道啊！没有人告诉我。

女：现在我不是告诉你了吗？快点儿准备准备，我们一起去吧！

男：太谢谢你了，幸亏遇到你了。

问：今天在哪里开会？

现在开始第 26 题：

26. 女：下一个。你会弹钢琴吗？

男：不会。

女：那吉他、小提琴、二胡，你会哪一个？

男：不会。

女：你什么都不会，还想当音乐老师？

问：男的可能在干什么？

27. 男：我给你发短信了，为什么不回我？

女：你给我发短信了？我没有收到啊！

男：18651156291，这是你的电话号码呀，一点儿都没错。

女：我新买了一个手机，新号码是 13698627591。

男：我记住了，下次不会错了。

问：女的的新号码是多少？

28. 女：你想想该怎么办吧，或者去北京开会，或者在家里带孩子。

男：那么重要的会我肯定要去，当然不能在家里带孩子了。

女：那你是想去北京开会了？

男：不仅我去，你还得陪我一起去！

女：那孩子怎么办呢？难道我们就不管他了？

男：这好办，我们带着他去北京不就可以了吗？

问：他们可能会怎样解决他们的问题？

29. 男：小李从杭州旅游回来了没有啊？

女：他不是刚去吗？怎么可能现在就回来啊！

男：真是急死人了。这边的问题还等着小李来处理呢！

女：小张不是在公司吗？怎么不找他帮忙解决呢？

男：你哪里知道啊，老板非要让小李来处理不可呢！

问：他们说的是什么？

30. 女：吃饭就吃饭，怎么能一边吃饭一边唱歌？

男：你不是总是对我说要"曲不离口"吗？

女："曲不离口"那也得看场合。吃饭的时候也唱歌，多危险啊。

男：好吧，我听你的话。

问：妈妈的看法是什么？

31. 男：唉，我要是像姚明那样高就好了！

女：一米八还不够高吗？

男：可是张华不这样认为啊！她说她喜欢个子高的男孩子，就像姚明那样的！

女：张华的想法还真是特别。

问：下面哪句话是对的？

32. 女：杨明，你看看现在几点了！我等了你一个小时了。

男：哎呀，路上堵车了，我也没办法！

女：下次坐飞机，你最好让飞机也等你一个小时！

男：你看你，还真是会说笑话！下次我再也不敢了！

问：他们怎么了？

33. 男：今天买了新衣服啊，拿出来让我也看看！

女：我今天别提多高兴了！商场里的衣服打五折，五件衣服才花了八百块钱！

男：告诉你吧，便宜无好货，好货不便宜。

女：我才不管什么好货不好货，便宜就行！

问：男的是什么意思？

34. 女：你这水果怎么卖啊？

男：橘子三块五，葡萄五块八，苹果四块，您要点儿什么啊？

女：给我三斤苹果。

男：好嘞！

问：女的需要给多少钱？

35. 男：你看见我的车钥匙了吗？

女：在你的上衣口袋里。上衣在卧室的桌子上。

男：唉，这么多衣服，究竟是哪一件啊？

女：红色毛衣下面的那件蓝色上衣。

问：车钥匙在哪里？

第 36 到 37 题是根据下面一段话：

梅沙最近一直在准备她的毕业论文。她告诉我，她的论文是关于中医方面的，所以她要看很多中文的医学资料，比如李时珍的《本草纲目》。我觉得很奇怪，像这样的书都是比较难懂的医学书，梅沙怎么能理解书中的意思呢？后来我才明白，她在中国留学的四五年时间里，每个暑假都不回国，坚持去培训班学习汉语。

36. 梅沙最近在忙什么？

37. 梅沙在暑假里一般干什么？

第 38 到 39 题是根据下面一段话：

晚饭的时候，老公告诉我前几天超市对面新开了一家电影院，不但环境舒适，而且最近的影片都很好看。我其实很想去看，可是家里还有一大堆家务活儿没做。老公却说："衣服让洗衣机洗，地板让吸尘器吸，洗碗可以交给洗碗机，这都不用自己做啊！"但他忘了，总得有人在家操作这些机器啊！

38. 哪里新开了一家电影院？

39. 按丈夫的说法，哪项家务活儿不是机器做的？

第 40 到 41 题是根据下面一段话：

丹妮昨天收到了马修寄来的生日卡片。生日卡片是粉红色的，上面有蓝蓝的天，白白的云，几只小鸟儿在天空中自由地飞翔。远处是美丽的大海，海上面有几只大大的游艇，有一个男人拿着望远镜正在看着什么。海滩上的游客穿着游泳衣，晒着太阳。他们的皮肤像小麦的颜色，看起来非常健康。马修在卡片上写了一行汉字："丹妮，祝你生日快乐！"

40. 丹妮的生日卡片是什么颜色的？

41. 卡片上面没有什么？

第 42 到 43 题是根据下面一段话：

今天超市里做活动，所有的商品都打折。我买了一件毛衣，才花了 100 块；一双皮鞋，打六折，才花了我 180。我还给妹妹买了一个背包、一双袜子，还有一副眼镜，一共才花了120块。回来的时候我还在后悔，真应该把爸爸妈妈也叫上，多买一点儿，这样的机会不多啊！

42. 今天她都买了些什么？

43. 今天她一共花了多少钱？

第44到45题是根据下面一段话：

苏珊和约翰昨天去了森林公园，还没有到，天就下起了雨，他们赶紧跑进一家餐厅躲雨。过了大约三刻钟，雨停了，他们就打的去了森林公园。买票的时候才发现，他们忘了带学生证。原来要有学生证才可以买到半价票。苏珊想，真是的，多花了50块钱。

44. 雨大概下了多久？

45. 苏珊买门票花了多少钱？

听力考试现在结束。

HSK（四级）全真模拟试卷 ① 答案

一、听 力

第一部分

1. ✓   2. ×   3. ×   4. ✓   5. ×
6. ✓   7. ×   8. ×   9. ✓   10. ×

第二部分

11. C   12. D   13. B   14. B   15. A
16. D   17. A   18. B   19. C   20. D
21. C   22. B   23. C   24. D   25. A

第三部分

26. C   27. A   28. D   29. A   30. C
31. C   32. D   33. C   34. C   35. C
36. D   37. D   38. B   39. D   40. A
41. C   42. A   43. B   44. C   45. D

二、阅 读

第一部分

46. F   47. C   48. A   49. E   50. B
51. D   52. E   53. A   54. C   55. B

第二部分

56. CAB   57. ACB   58. ACB   59. ABC   60. BAC
61. CAB   62. BAC   63. BAC   64. CBA   65. CBA

第三部分

66. A   67. C   68. C   69. C   70. B
71. B   72. C   73. D   74. A   75. D
76. A   77. D   78. D   79. C   80. D
81. C   82. A   83. D   84. D   85. C

三、书 写

第一部分

86. 桌子上是小王的电脑和学习用品。

87. 我是为了我们班才做这件事的。

88. 我们的生活水平有了很大的提高。

89. 教室里一个人也没有。

90. 教室的墙上挂着一幅画儿。

91. 从那边跑过来一个小女孩儿。 / 一个小女孩儿从那边跑过来。

92. 那个村子丢了一头牛。

93. 他吃完晚饭就上床睡觉了。

94. 我每天吃过早饭骑车去上课。

95. 明天我们去超市买些东西。 / 我们明天去超市买些东西。

第二部分
(参考答案)

96. 她正在认真地给他解释问题。

97. 他刚刚出差回到北京。

98. 她喜欢每天早晨喝一杯牛奶。

99. 这个小女孩儿正在洗手。

100. 妈妈在教孩子弹钢琴。

汉语水平考试

HSK（四级）全真模拟试卷 ②

注　意

一、HSK（四级）分三部分：

　　1. 听力（45 题，约 30 分钟）

　　2. 阅读（40 题，40 分钟）

　　3. 书写（15 题，25 分钟）

二、听力结束后，有 5 分钟填写答题卡。

三、全部考试约 105 分钟（含考生填写个人信息时间 5 分钟）。

一、听 力

第 一 部 分

第 1-10 题：判断对错。

例如：我打算去成都旅游，不知道你暑假有没有时间。如果有时间，我们可以
  一起去旅游吗？

  ★ 他打算去成都旅游。   (✓)

  我现在很少去教室自习，不是因为我不想去，而是因为最近天气不好，
天天下雨，所以我觉得去教室自习很麻烦。

  ★ 他现在经常去教室自习。   (×)

1. ★ 这个人胖了 20 斤。   (   )

2. ★ 露西没有通过汉语考试。   (   )

3. ★ 她的头发比妈妈的头发好看。   (   )

4. ★ 莉莉长得不好看。   (   )

5. ★ 他们打算去了广州再去香港。   (   )

6. ★ 麦克不知道怎么学习。   (   )

7. ★ 这个人总是浪费东西。   (   )

8. ★ 以前不是小梅辅导约翰的。   (   )

9. ★ 家里没有西红柿。   (   )

10. ★ 这幅画儿要花很多钱才可以买到。   (   )

第 二 部 分

第 11-25 题：请选出正确答案。

例如：女：快点儿走吧，马上要上课了！

男：没关系的，现在是两点半上课，还有半个小时呢！

问：现在是什么时候?

A 两点半　　　B 上课了　　　C 两点✓　　　D 不知道

11. A 男的不想进教室　　　　　B 男的不知道为什么来教室

C 男的穿了一双拖鞋　　　　D 学校规定男的不可以进教室

12. A 很容易　　　B 很难　　　C 很多不会做　　D 有很多笑话

13. A 女的很愿意借钱给男的　　　B 女的要男的先还以前借的钱

C 女的想借给男的 40 块　　　D 女的觉得以后再说这件事比较好

14. A 男的不想去看电影　　　　　B 男的有很多爱好

C 男的更喜欢吃饭　　　　　D 男的很愿意和女的去看电影

15. A 抽烟对身体有很多好处　　　B 女的知道抽烟的好处

C 抽烟对身体健康有害　　　　D 40% 的人抽烟

16. A 在家里　　　B 在商场里　　　C 在餐馆里　　　D 在卧室里

17. A 都认识　　　　　　　　　　B 应该认识一些

C 一个都不认识　　　　　　　D 可能认识

18. A 买了　　　　　　　　　　　B 等便宜了再买

C 没买　　　　　　　　　　　D 刚发了工资肯定会买

19. **A** 同意　　　　　　　　　**B** 女的觉得还行

　　C 女的没去听　　　　　　**D** 不同意

20. **A** 比赛洗碗　　**B** 比赛吃饭　　**C** 商量谁洗碗　　**D** 打算不洗碗

21. **A** 打乒乓球　　　　　　　**B** 不知道怎么去乒乓球室

　　C 看邓亚萍比赛　　　　　**D** 讨论邓亚萍在哪里

22. **A** 去　　　　**B** 不去　　　**C** 没打算去　　**D** 有事去不了

23. **A** 很满意　　**B** 还可以　　**C** 很不满意　　**D** 还没去住

24. **A** 男的不想告诉女的为什么　　**B** 以前男的不戴眼镜

　　C 男的戴了很长时间眼镜了　　**D** 女的以前知道男的戴眼镜

25. **A** 女的以前就爱吃辣的　　　　**B** 女的是成都人

　　C 女的不能吃辣的　　　　　　**D** 女的已经习惯成都的生活

第 三 部 分

第 26-45 题：请选出正确答案。

例如：男：玛丽，你去哪里啊？

　　　女：去开会啊，不是说今天下午三点钟在留学生办公室开会吗？你还不去？

　　　男：是吗？我怎么不知道啊！没有人告诉我。

　　　女：现在我不是告诉你了吗？快点儿准备准备，我们一起去吧！

　　　男：太谢谢你了，幸亏遇到你了。

　　　问：今天在哪里开会？

　　　A 在留学生办公室 ✓　　　　　　B 在教室

　　　C 在图书馆　　　　　　　　　　D 在玛丽的宿舍

26. A 丈夫和妻子　　B 老师和学生　　C 妈妈和儿子　　D 老板和员工

27. A 女的很了解大熊猫　　　　　　　B 女的在北京生活

　　 C 女的很喜欢大熊猫　　　　　　　D 女的是个熊猫迷

28. A 牛肉　　　　　　B 馒头　　　　　C 鸡蛋　　　　　D 豆腐

29. A 汉语国际教育　　　　　　　　　　B 经济学

　　 C 英语专业　　　　　　　　　　　D 临床医学

30. A 一本笔记本　　B 一台电脑　　　C 一本书　　　　D 一块金子

31. A 那里的牛肉面特别好吃　　　　　　B 她喜欢吃牛肉面

　　 C 价格很便宜　　　　　　　　　　D 那家面馆是她开的

32. A 男的喜欢聪明漂亮的女孩儿　　　　B 女的知道男的喜欢自己

　　 C 男的喜欢这个女孩儿　　　　　　D 男的已经有了喜欢的人

33. **A** 早上六点　　　**B** 早上五点　　　**C** 早上七点　　　**D** 早上八点

34. **A** 坐地铁　　　　　　　　　**B** 坐公共汽车

　　　C 坐公共汽车和地铁　　　**D** 坐出租车

35. **A** 外婆　　　**B** 美美　　　**C** 钢琴老师　　　**D** 没有人

36. **A** 200 元　　**B** 399 元　　**C** 185 元　　**D** 370 元

37. **A** 1250 元　　**B** 500 元　　**C** 870 元　　**D** 2250 元

38. **A** 芳芳打算送给爸爸一个手机

　　　B 芳芳的爸爸不喜欢运动

　　　C 送水果就是送健康，爸爸肯定高兴

　　　D 芳芳会送爸爸一件贵重的礼物

39. **A** 牛奶　　　**B** 自己画的画儿　　**C** 乒乓球拍　　**D** 自己画的花儿

40. **A** 公司的事情很忙　　　　　**B** 李梅的妈妈生病了

　　　C 卡尔跟她吵架了　　　　　**D** 她去旅游了

41. **A** 卡尔早上不到七点就得起床　　**B** 送完儿子，卡尔才去上班

　　　C 卡尔每天夜里都三点才睡觉　　**D** 他瘦了好几斤

42. **A** 女孩儿大　　**B** 男孩儿大　　**C** 一样大　　**D** 没介绍

43. **A** 4000 元　　**B** 6800 元　　**C** 5800 元　　**D** 4800 元

44. **A** 6500 元　　**B** 8500 元　　**C** 2000 元　　**D** 500 元

45. **A** 爬山、踢足球　　　　　　**B** 踢足球、打排球

　　　C 打乒乓球、打网球　　　　**D** 打羽毛球、打台球

二、阅　读

第　一　部　分

第46-50题：选词填空。

A 主意　　B 减少　　C 举行　　D 坚持　　E 再说　　F 通过

例如：她每天都（ D ）走路上下班，所以身体一直很不错。

46. 根据学校通知，普通话考试将于下周日在307教室（　　）。

47. 他（　　）朋友的介绍在公司附近新租了一间房子，交通比以前方便多了。

48. 我今天有点儿累，去打球的事明天（　　）吧。

49. 本来说好了一起去北京旅游的，他却突然改变（　　）说不去了。

50. 塑料袋是白色污染，大家应该（　　）使用塑料袋。

第51-55题：选词填空。

A 联系　　B 信心　　C 难道　　D 给　　E 养成　　F 温度

例如：A：今天真冷啊，好像白天最高（ F ）才2℃。
　　　B：刚才电视里说明天更冷。

51. A：明天就是全市高中篮球比赛了，祝你们取得好成绩。
　　 B：谢谢你。我们队对这次比赛很有（　　）。

52. A：您好，需要我（　　）您介绍一下我们店的菜吗？
　　 B：好的，请介绍一下吧，你们这儿都有哪些特色菜？

53. A：你平时和家里人（　　）得多吗？
　　 B：多啊，几乎每天都会上网和他们聊天儿，有时候还写电子邮件。

54. A：我不打算去这家公司工作，我要考研究生，继续学习。
　　 B：你（　　）要放弃这次机会吗？这家公司可是全国最大的食品公司。

55. A：你真节约，一个月只用了这么少的水，我用的水是你的两倍。
　　 B：从小父亲就要求我们要（　　）节约的习惯。

第 二 部 分

第 56-65 题：排列顺序。

例如：**A** 可是今天起晚了

     B 平时我骑自行车上下班

     C 所以就打车来公司   B A C

56. **A** 书法是中国特有的传统艺术

     B 可以将汉字变成富有美感的艺术作品

     C 通过不同的书写方法   _____

57. **A** 电影院有一个规定

     B 就可以免费看电影

     C 如果是身高低于 1.3 米的儿童   _____

58. **A** 不管明天天气怎么样

     B 我们已经决定明天去参观博物馆了

     C 都不能改变我们的计划   _____

59. **A** 上次去北京出差，回来坐火车，到北京西站时

     B 而是北京南站

     C 才发现火车票上的起点站不是这个站 _____

60. A 这套家具卖 99999 元，真贵

    B 我也买不起

    C 即使价格变成 9999 元

    _____

61. A 就会说另一方是"鸡蛋碰石头"

    B 但是中国有句俗语，当一方的力量远远超过另一方时

    C 鸡蛋跟石头本来没有什么关系

    _____

62. A 小王刚参加工作不久

    B 连打印机和复印机都不会用

    C 很多事情都不懂

    _____

63. A 不仅要会唱歌

    B 现在幼儿园招聘老师要求很高

    C 而且还要会跳舞

    _____

64. A 上次想坐出租车出去玩儿，由于我的汉语不好

    B 他都听不懂我的意思

    C 无论怎么跟出租车司机说

    _____

65. A 我妈妈是个爱干净的人

    B 她每天早上起来以后，还要再打扫一遍

    C 即使房间已经很干净了

    _____

第 三 部 分

第 66-85 题：请选出正确答案。

例如：她很活泼，说话很有趣，总能给我们带来快乐，我们都很喜欢和她在
一起。

    ★ 她是个什么样的人？

    A 幽默 ✓   **B** 马虎   **C** 骄傲   **D** 害羞

66. 李芳跟朋友们在一起玩儿的时候，总喜欢听别人说，自己却很少说话。你
问她为什么，她也只是笑一笑，并不回答。

    ★ 李芳的性格怎么样？

    A 很开朗   **B** 很安全   **C** 很活泼   **D** 很安静

67. 朋友们都认为他是个很成功的人，有车、有房、有钱而且有名，但是他并
不这样认为。每当想起自己为了工作而不得不离开家人，不能和家人在一
起时，他就会觉得很对不起他们。

    ★ 对于他的家人，他觉得怎么样？

    A 成功   **B** 抱歉   **C** 烦恼   **D** 难忘

68. 昨天校长收到一封信，信里面说我们学校的苏民同学不怕危险，在这么冷
的冬天跳进冰冷的水里，救起了一个五岁的孩子。今天校长在全校大会上
表扬了苏民，希望我们向他学习。

    ★ 苏民是个什么样的人？

    A 勇敢   **B** 聪明   **C** 冷静   **D** 紧张

69. 长城在中国的北方，至今已有两千多年的历史。长城雄伟壮观，吸引了很
多中外游人去游览。中国人常说：不到长城非好汉。所以，如果你来了中
国，一定记得去那里看看。

    ★ 根据这段话，下面哪句话是对的？

    A 长城在中国的南方   **B** 长城的历史很短

C 长城很容易爬上去   **D** 长城很雄伟，参观的人很多

70. 现在，儿童普遍比较胖。一是生活质量好，营养摄入多；二是孩子们学习压力大，每天长时间坐着学习，缺少锻炼。国家很重视这个问题，增加体育课，举办了各种体育比赛活动，鼓励少年儿童多参加体育锻炼。

★ 这段话主要说：

A 运动的重要性   **B** 体育锻炼的作用

C 儿童学习的压力   **D** 儿童肥胖问题

71. 刘明中午需要休息一个小时，可是同学们常常喜欢这个时候去他的宿舍玩儿，他不知道怎么拒绝才好。一天，他想了一个办法，他在宿舍的门上写了一句话：刘明不在宿舍，打篮球去了。同学们以为是真的，不得不走了。

★ 刘明不希望同学们怎么样？

A 打扰他   **B** 麻烦他   **C** 提醒他   **D** 害怕他

72. 李明成绩很好，但是同学们都不喜欢他。如果你有不懂的地方想问他，他总是不高兴。即使他解释了，也解释得很快，而且一边解释一边说："这个问题太简单了，你怎么会不明白呢？"

★ 李明是个什么样的人？

A 不粗心   **B** 不耐心   **C** 不小心   **D** 不细心

73. 现在大家都不愿意看电视，因为电视里的广告太多了。有时看一个小时的电视节目，广告就占了 10 分钟。

★ 对于电视广告，大家的态度怎么样？

A 满意   **B** 讨厌   **C** 喜欢   **D** 欢迎

74. 直到女儿出生我才改掉抽烟的坏毛病。女儿一两个月大的时候，我一抽烟她就咳嗽，因为这个，太太没少生我的气。医生也批评我，说我怎么可以不考虑孩子的健康。现在我终于不抽烟了，这要感谢我的宝贝女儿啊！

★ 下面哪句话是对的？

A 女儿出生前我就不抽烟了   **B** 不抽烟不难

C 改掉坏毛病很容易   **D** 因为女儿，我不抽烟了

75. 各位同事大家好，很高兴认识大家。以后公司的大小事情由我负责，我会对大家的工作做定期的检查。大家如果有什么问题可以通过电子邮件、传真、电话等方式与我联系，或直接跟我面谈。

★ 他可能是干什么的？

A 班长　　　　B 经理　　　　C 售货员　　　　D 总理

76. 我和老张已经有25年没见过面了，谁想到时间过得这么快啊！四分之一个世纪一下子就过去了，我们都老了。

★ 五十年是多久？

A 一个世纪　　　　　　　　B 四分之三个世纪

C 两个世纪　　　　　　　　D 半个世纪

77. 怎样算掌握了一门外语呢？是不是只要掌握了发音、词汇和语法，能流利地和别人交流就可以了呢？这样想是不完全正确的。学习外语不仅应该会听会说，还应该能够理解语言所体现出来的文化。

★ 根据这段话，关于学习外语，下面哪种说法正确？

A 词汇最重要　　　　　　　B 文化也很重要

C 语法最重要　　　　　　　D 口语最重要

78. 进入21世纪后，中国的发展越来越快。很多国际公司很重视中国市场，调查研究显示，目前在中国的国际公司在数量上比十年前增加了27.8%，在范围上从当时的食品工业扩大到现在的高新技术行业。

★ 这段短文谈的是中国的哪个方面？

A 市场　　　　B 地理　　　　C 经济　　　　D 文化

79. 小王去法国出差，朋友请他给女朋友买一件法国的名牌衣服。完成工作以后，小王又去了德国和瑞士，最后才买到朋友说的那件衣服。谁知道，朋友的女朋友看了之后惊呆了，因为衣服上写着"中国制造"。

★ 这件衣服是哪个国家制造的？

A 瑞士　　　　B 法国　　　　C 德国　　　　D 中国

80-81.

一天，动物学校的老虎博士问大家的理想是什么。小狗说他打算当一名救死扶伤的医生，为动物们看病；小猫说硕士毕业后，他计划出国留学；小鱼说他以后想保护环境，希望大家不要污染海洋、河流；狮子说保护森林是他的责任；小猴说让妈妈开心是他的理想。最后，老虎博士问小猪，小猪想了很久才说，他最喜欢做的事情是睡觉和吃饭。动物们听了，一个个都笑了。

★ 谁的理想是保护森林？

A 小猴　　　　　B 狮子　　　　　C 小鱼　　　　　D 小猫

★ 听了小猪的话，为什么大家都笑了？

A 小猪的理想很难实现　　　　　B 小猪喜欢开玩笑

C 小猪说了一个笑话　　　　　D 睡觉和吃饭不是什么理想

82-83.

农村和城市不一样。和城市相比，农村生活并不热闹，人们的收入也不高，娱乐活动也不丰富。但是，在农村，你可以生活得比较轻松，而且能得到意想不到的收获。在农村，亲戚朋友们都住在周围，如果你遇到困难，他们会及时地帮你解决；在农村，你可以吃到新鲜的水果和蔬菜，呼吸到清新的空气，享受到美丽的风景，这一切都对身体健康很有好处。而且，农村的生活有时候也会很浪漫，比如说，下雪的夜晚，和女朋友去很远的地方看电影，那种感觉一定很幸福。

★ 根据短文，我们可以知道城市是什么样的？

A 生活不热闹　　　　　B 人们收入很低

C 娱乐活动简单　　　　　D 空气质量不好

★ 在农村生活有什么好处？

A 空气很清新　　B 收入很高　　C 经常看电影　　D 娱乐项目很多

84-85.

四个季节中，我最喜欢春天和夏天。春天的时候，花儿开了，树叶绿了，小鸟儿也醒了，在公园里、花园里、森林里到处唱歌跳舞。天气也变得暖和、湿润起来，很适合散步、爬山、旅游。夏天放暑假的时候，不需要去上课，也不用担心迟到、考试，想睡就睡，每天都是周末，而且，夏天可以游泳。去年，我报名参加了留学生游泳比赛，还得了第一名呢。我不喜欢秋天和冬天，因为我总是感冒。

★ 根据短文，"我"可能最喜欢什么？

A 散步　　　　　B 爬山　　　　　C 游泳　　　　　D 旅游

★ 根据短文，"我"喜欢夏天的原因不包括什么？

A 有假期　　　　　　　　　B 不用早起

C 可以游泳　　　　　　　　D 天气温暖、湿润

三、书 写

第一部分

第86-95题：完成句子。

例如：那座桥　800年的　历史　有　了

      <u>那座桥有800年的历史了。</u>

86. 坐飞机　我　下周　出差　去广州

87. 极了　听到　消息　高兴　这个　他

88. 他　就　摔了　一出门　一跤

89. 去找你　我　没时间　玩儿　今天

90. 我　让　老师　背课文　明天

91. 都　和　打篮球　我　小李　喜欢

92. 工作　表扬　校长　认真　他

93. 他　我们　认为　个　好学生　是　都

94. 总是　在讲话　飞机上　有个人

95. 的　从　是　来　美国　我

第二部分

第96-100题：看图，用词造句。

例如：　　　　　　　　　乒乓球　　她很喜欢打乒乓球。

96.　　　　　　　　　危险　97.

快

98.　　　　　　　　　爱好　99.

购物

100.　　　　　　　　　种

HSK（四级）全真模拟试卷 ② 听力材料

（音乐，30秒，渐弱）

大家好！欢迎参加 HSK（四级）考试。
大家好！欢迎参加 HSK（四级）考试。
大家好！欢迎参加 HSK（四级）考试。

HSK（四级）听力考试分三部分，共 45 题。
请大家注意，听力考试现在开始。

第一部分

一共 10 个题，每题听一次。

例如：我打算去成都旅游，不知道你暑假有没有时间。如果有时间，我们可以
　　一起去旅游吗？
　　　　★ 他打算去成都旅游。

　　　　我现在很少去教室自习，不是因为我不想去，而是因为最近天气不好，
天天下雨，所以我觉得去教室自习很麻烦。
　　　　★ 他现在经常去教室自习。

现在开始第 1 题：

1. 最近体重又增加了 10 公斤，非减肥不可了。
　　★ 这个人胖了 20 斤。

2. 这次汉语考试，全班就露西一个人不及格。
　　★ 露西没有通过汉语考试。

3. 妈妈的头发又黑又亮，我的头发怎么又黄又干呢？真是让人想不明白。
　　★ 她的头发比妈妈的头发好看。

4. 唉，长得漂亮有什么用？还得性格好。你看莉莉，人家性格多好，大家都
喜欢和她交朋友。
　　★ 莉莉长得不好看。

-49-

5. 这次旅游，我们打算从成都出发，先去武汉、上海、广州，然后去香港和澳门。

   ★ 他们打算去了广州再去香港。

6. 你看看人家麦克，每次考试都考第一，真不知道他是怎么学习的。

   ★ 麦克不知道怎么学习。

7. 你每次东西都吃一半就扔掉了，太不节约了！

   ★ 这个人总是浪费东西。

8. 约翰，本来是王丽来给你辅导汉语的，可是今天她感冒了，所以老师让小梅来了。

   ★ 以前不是小梅辅导约翰的。

9. 冰箱里放的是苹果和橘子，桌子上摆的是香蕉和菠萝，想吃西红柿的话，得自己去商店买。

   ★ 家里没有西红柿。

10. 我对你画的花儿真是再满意不过了。你说说吧，多少钱我都愿意买。

    ★ 这幅画儿要花很多钱才可以买到。

第二部分

一共 15 个题，每题听一次。

例如：女：快点儿走吧，马上要上课了！

　　　男：没关系的，现在是两点半上课，还有半个小时呢！

　　　问：现在是什么时候？

现在开始第 11 题：

11. 男：为什么不让我进教室啊？

　　　女：这是学校的规定，不准穿拖鞋进教室。

　　　问：男的怎么了？

12. 女：今天的考试难不难啊？是不是不会做啊？

　　　男：笑话，简直小菜一碟。

　　　问：男的觉得考试怎么样？

13. 男：苏珊，可以借我 30 块钱吗？
　　女：可以啊，不过把上次借的那 40 块先还给我再说吧！
　　问：女的是什么意思？

14. 女：吃完饭一起去看《花木兰》怎么样？
　　男：除了看电影，你就没有其他的爱好？
　　问：男的是什么意思？

15. 男：真不明白，你为什么这么反对我抽烟？
　　女：我当然要反对了，抽烟能让 14% 的人在 40 岁之前进医院，而且进了
　　　　医院之后可能再也不用回家了。
　　问：女的是什么意思？

16. 女：这条裙子还真是漂亮啊！
　　男：既然喜欢就买了吧，现在大街上可是正流行呢。
　　问：他们可能在哪里？

17. 男：这些汉字你都认识吗？
　　女：我感觉自己从没见过它们。
　　问：女的认识这些汉字吗？

18. 女：这套家具太漂亮了，我们买吧。你看，还很便宜呢。
　　男：可以啊，不过还是等发了工资再说吧。
　　问：他们买这套家具了吗？

19. 男：李教授的讲座真是精彩极了，不去听真是太可惜了啊！
　　女：是啊，"精彩"得让我睡着了！
　　问：女的同意男的说的话吗？

20. 女：谁先吃完饭谁就不用洗碗，好不好？
　　男：那我们现在开始比赛。
　　问：他们可能在干什么？

21. 男：你打乒乓球还真行，都快成第二个邓亚萍了！
　　女：哪里哪里，不敢当不敢当！
　　问：他们刚才可能在干什么？

22. 女：明天你坐哪趟航班啊？我们打算去送你。

男：明天走不了了，我下星期二走。

问：女的明天去送男的吗？

23. 男：你们家的环境真好，我也想在这里买房子。

女：那你就等着后悔吧！

问：女的满意她的房子吗？

24. 女：你怎么也开始戴眼镜了啊？

男：唉，说来话长。

问：下面哪句话是对的？

25. 男：没想到你这么能吃辣啊！

女：没办法啊，在成都生活，就得像个成都人啊！

问：下面哪句话是对的？

第三部分

一共 20 个题，每题听一次。

例如：男：玛丽，你去哪里啊？

女：去开会啊，不是说今天下午三点钟在留学生办公室开会吗？你还
不去？

男：是吗？我怎么不知道啊！没有人告诉我。

女：现在我不是告诉你了吗？快点儿准备准备，我们一起去吧！

男：太谢谢你了，幸亏遇到你了。

问：今天在哪里开会？

现在开始第 26 题：

26. 女：饭已经做好了，在冰箱里；衣服也已经洗好了，在卧室里；零花钱和
钥匙放在客厅的桌子上。你如果还有问题，可以给我打电话。

男：你这是又要去哪里啊？

女：外婆生病了，我去医院照顾她。三天就回来。

男：你能不能把我也带上？

女：你不去上学了吗？

男：我也要去照顾外婆。

问：他们是什么关系？

27. 男：怎么样，四川是不是很好玩儿？

女：我又不是去玩儿的，我是去看大熊猫的。我可是个熊猫迷！

男：真佩服你！大老远地从北京跑到四川，就为了看熊猫。那我问问你，熊猫喜欢吃什么啊？

女：这样的问题还问我，当然是鱼了！

问：下面哪句话是错的？

28. 女：先生，您要点儿什么？

男：二两饺子、一个馒头，还要两个鸡蛋、一碗西红柿蛋汤。

女：对不起，没有蛋汤了，要不给您来一碗鸡汤？

男：那就算了吧，太油了，我喜欢吃清淡的。

问：男的可能不喜欢吃什么？

29. 男：我想考研究生，你认为我关键要做的是什么啊？

女：我们专业不一样，你可以问问你的师兄师姐。

男：你误会了，我就是想换到你的专业才问你，因为我一直喜欢临床医学，不喜欢经济学。

女：要说关键嘛，关键在于努力。我姐姐去年考上了汉语国际教育专业的研究生，她除了努力还是努力。

问：女的是什么专业的？

30. 女：我买了个笔记本，你不知道有多便宜，才花了四千多一点儿！

男：不会吧？一个笔记本花了四千！我一个笔记本才三块多一点儿呢。

女：我说的是笔记本电脑。

男：干吗不早说！

问：女的买了什么？

31. 男：你怎么总是去对面的牛肉面馆吃饭啊？是不是那家的牛肉面很好吃？

女：还可以。

男：那一定是价格很便宜了？

女：价格嘛，不贵也不便宜。

男：那你为什么总是去吃啊？

女：我是那里的老板！

问：为什么女的总去那家牛肉面馆吃饭？

32. 女：你想找个什么样的女朋友？

男：既要长得漂亮，又要聪明可爱。

女：那你找到了没有呢？

男：我认为我找到了，不过，我不知道她喜不喜欢我。

女：找到了？她是谁啊？

男：她正在跟我说话呢。

问：下面哪句话是错的？

33. 男：我六点钟就喊你起床了，你怎么还迟到了呢？

女：你还好意思说。

男：怎么了？

女：从泰国回来之后你就没把时间改过来，你手表上不是北京时间，而是曼谷时间。整整晚了一个小时。

问：男的是北京时间几点喊女的起床的？

34. 女：你每天怎么上班的？是不是开车？

男：我那点儿工资，哪有钱买车啊！每天早上先坐公共汽车去地铁站坐地铁，出了地铁还要走一段路才到办公室。

女：这么说，你上班路上还真是辛苦啊！

男：可不是，每天六点就起床了。

问：男的怎么上班？

35. 男：你看电视，声音就不能小一点儿吗？别人在睡觉呢。

女：这屋里就我们两个人，有什么关系呢？

男：美美不是在睡午觉吗？她下午还要去学钢琴呢。

女：今天是周末，美美一大早就去外婆家了。

问：现在谁在睡觉？

第 36 到 37 题是根据下面一段话：

赛依刚刚从上海迪士尼乐园回来，同学们都来到她的宿舍，要她讲讲在迪士尼都玩儿了什么。她告诉大家，迪士尼非常好玩儿，但是迪士尼的门票有点儿贵，每人 370 块钱。身高在 1.4 米以下的儿童，如果有爸爸妈妈陪同，可以半价。如果在节假日去玩儿，门票价格会涨到大约 500 元。

36. 小明是大学生，星期一去上海迪士尼，门票多少钱？

37. 卓玛今年 5 岁，身高 1 米，儿童节和爸爸、妈妈一起去上海迪士尼玩儿，他们一共大约要花多少钱买门票？

第 38 到 39 题是根据下面一段话：

还有三天就是父亲节了，五岁的芳芳一直在想：给爸爸买一件什么礼物好呢？手机、电脑这些东西太贵了，而且爸爸已经有了；运动衣、运动鞋、球拍，爸爸不喜欢，因为他根本就不喜欢运动；至于水果、牛奶，又太平常了。芳芳觉得应该送爸爸一件不是钱可以买到，却很特别的礼物。到了父亲节那天，爸爸看到芳芳的礼物果然很开心。原来，芳芳为爸爸画了一幅画儿。

38. 下面哪句话是对的？

39. 芳芳最后送给了爸爸一件什么礼物？

第 40 到 41 题是根据下面一段话：

卡尔和李梅最近吵架了。李梅一生气就回美国了，留下三岁的儿子汤姆与卡尔一起在中国，把卡尔累得不得了。每天六点钟他就得起床，给儿子准备早餐，送他去幼儿园，然后再去上班。中午的时候也不能休息，要去看看儿子在幼儿园里怎么样了。公司的事情很多，有时候要加班，但是李梅不在，卡尔就得请假去接儿子回家。几天下来，他就瘦了几斤。有好几天，他夜里三点才睡觉。

40. 李梅为什么要回美国？

41. 下面哪句话是错的？

第 42 到 43 题是根据下面一段话：

我比妹妹大四岁，我读大学一年级的时候，她刚刚读高中。没想到时间过得这么快，现在妹妹也结婚了，还生了一男一女两个孩子，女孩儿上小学四年级，男孩儿上小学二年级。妹妹在上海找了一份工作，一个月工资六千多元。他们的生活虽然很忙碌，但是很开心。

42. 妹妹的孩子哪一个大？

43. 妹妹一个月的工资大概是多少？

第 44 到 45 题是根据下面一段话：

大家好，我叫亨利，是英国人，今年 24 岁。现在我在北京的一家公司当翻译，每个月的工资是 8500 元，除了吃饭、坐车的钱，每个月我还可以剩下 6500 元。我很喜欢打乒乓球、羽毛球，有时候还会踢踢足球。不过，我最喜欢的运动是爬山。如果你想跟我交朋友，请加我的 QQ：834697941。

44. 亨利每个月吃饭、坐车花多少钱？

45. 亨利喜欢什么运动？

听力考试现在结束。

HSK（四级）全真模拟试卷 ② 答案

一、听 力

第一部分

| 1. ✓ | 2. ✓ | 3. × | 4. × | 5. ✓ |
| 6. × | 7. ✓ | 8. ✓ | 9. ✓ | 10. × |

第二部分

11. C	12. A	13. B	14. A	15. C
16. B	17. C	18. C	19. D	20. C
21. A	22. B	23. C	24. B	25. D

第三部分

26. C	27. A	28. A	29. D	30. B
31. D	32. B	33. C	34. C	35. D
36. D	37. A	38. B	39. B	40. C
41. C	42. A	43. B	44. C	45. A

二、阅 读

第一部分

| 46. C | 47. F | 48. E | 49. A | 50. B |
| 51. B | 52. D | 53. A | 54. C | 55. E |

第二部分

| 56. ACB | 57. ACB | 58. BAC | 59. ACB | 60. ACB |
| 61. CBA | 62. ACB | 63. BAC | 64. ACB | 65. ACB |

第三部分

66. D	67. B	68. A	69. D	70. D
71. A	72. B	73. B	74. D	75. B
76. D	77. B	78. C	79. D	80. B
81. D	82. D	83. A	84. C	85. D

三、书 写

第一部分

86. 下周我坐飞机去广州出差。／我下周坐飞机去广州出差。
87. 他听到这个消息高兴极了。／听到这个消息他高兴极了。
88. 他一出门就摔了一跤。
89. 今天我没时间去找你玩儿。／我今天没时间去找你玩儿。
90. 老师让我明天背课文。
91. 我和小李都喜欢打篮球。／小李和我都喜欢打篮球。
92. 校长表扬他工作认真。／校长表扬他认真工作。
93. 我们都认为他是个好学生。
94. 飞机上有个人总是在讲话。
95. 我是从美国来的。

第二部分
(参考答案)

96. 一边开车，一边打电话，是很危险的。
97. 路上的汽车开得很快。
98. 他的爱好是滑雪。
99. 她去购物了，买了好多东西。
100. 这个女孩儿正在松土，准备种菜。

汉 语 水 平 考 试

HSK（四级）全真模拟
试卷 ③

注　　意

一、HSK（四级）分三部分：

　　1. 听力（45 题，约 30 分钟）

　　2. 阅读（40 题，40 分钟）

　　3. 书写（15 题，25 分钟）

二、听力结束后，有 5 分钟填写答题卡。

三、全部考试约 105 分钟（含考生填写个人信息时间 5 分钟）。

一、听 力

第一部分

第1-10题：判断对错。

例如：我打算去成都旅游，不知道你暑假有没有时间。如果有时间，我们可以一起去旅游吗？

　　★ 他打算去成都旅游。　　　　　　　　　　　　(✓)

　　我现在很少去教室自习，不是因为我不想去，而是因为最近天气不好，天天下雨，所以我觉得去教室自习很麻烦。

　　★ 他现在经常去教室自习。　　　　　　　　　　(×)

1. ★ 这个人喜欢喝冰奶茶。　　　　　　　　　　　(　　)

2. ★ 朱丽叶想请他吃饭。　　　　　　　　　　　　(　　)

3. ★ 丽丽瘦了很多。　　　　　　　　　　　　　　(　　)

4. ★ 杰克很喜欢运动，除了打篮球。　　　　　　　(　　)

5. ★ 旅游花了他不少时间。　　　　　　　　　　　(　　)

6. ★ 亨利的汉语说得没有他标准。　　　　　　　　(　　)

7. ★ 他在做饭。　　　　　　　　　　　　　　　　(　　)

8. ★ 他是个售货员。　　　　　　　　　　　　　　(　　)

9. ★ 他们现在在大使馆。　　　　　　　　　　　　(　　)

10. ★ 他家离公共汽车站很远。　　　　　　　　　　(　　)

第二部分

第 11-25 题：请选出正确答案。

例如：女：快点儿走吧，马上要上课了！

男：没关系的，现在是两点半上课，还有半个小时呢！

问：现在是什么时候？

A 两点半　　　　B 上课了　　　　C 两点 ✓　　　　D 不知道

11. A 饭菜不好吃　　　　　　　B 饭菜不便宜

C 饭菜很好吃　　　　　　　D 环境太吵了

12. A 不咳嗽了　　　　　　　　B 经常抽烟

C 抽了八百次的烟　　　　　D 同意不抽烟了

13. A 女的当医生很长时间了　　B 女的以前是这里的护士

C 女的以前是这里的学生　　D 女的在这家医院实习过

14. A 写作业　　　B 关电脑　　　C 看电影　　　D 说笑话

15. A 客厅　　　　B 餐厅　　　　C 厨房　　　　D 教室

16. A 一片　　　　B 三片　　　　C 四片　　　　D 五片

17. A 越南朋友　　　　　　　　B 越南朋友的弟弟

C 越南朋友的姐姐　　　　　D 没有谁生病

18. A 男的喜欢咖啡，因为咖啡很香

    B 男的既不喜欢咖啡也不喜欢茶

    C 男的喜欢果汁，因为果汁富含维生素

    D 男的比较喜欢喝茶

19. A 白色　　　　　B 黄色　　　　　C 黑色　　　　　D 绿色

20. A 23 年　　　　　B 32 年　　　　　C 9 年　　　　　D 55 年

21. A 每个人都觉得丹尼尔很棒　　　　B 大家与丹尼尔的关系很好

    C 没有人喜欢丹尼尔　　　　　　　D 丹尼尔喜欢竖大拇指

22. A 谢芳　　　　　　　　　　　　　B 亨利

    C 李美教授的学生　　　　　　　　D 李美教授学生的妈妈

23. A 老板和秘书　　　　　　　　　　B 老师和学生

    C 律师和小李　　　　　　　　　　D 丈夫和妻子

24. A 男的听不懂女孩儿的话　　　　　B 男的不喜欢跟女孩儿说话

    C 男的不喜欢走路　　　　　　　　D 男的要准备物理考试

25. A 越来越瘦　　　B 越来越胖　　　C 不胖不瘦　　　D 体重不变

第 三 部 分

第 26-45 题：请选出正确答案。

例如：男：玛丽，你去哪里啊？

女：去开会啊，不是说今天下午三点钟在留学生办公室开会吗？你还

不去？

男：是吗？我怎么不知道啊！没有人告诉我。

女：现在我不是告诉你了吗？快点儿准备准备，我们一起去吧！

男：太谢谢你了，幸亏遇到你了。

问：今天在哪里开会？

A 在留学生办公室 ✓   B 在教室

C 在图书馆   D 在玛丽的宿舍

26. A 女的可能不是中国人   B 中秋节应该吃粽子

C 男的比女的更了解中秋节   D 明天是一个节日

27. A 女的长得不好看   B 女的现在头发很长

C 男的不认识女的   D 女的现在头发很短

28. A 男的在准备"汉语桥"比赛   B 男的在开玩笑

C 女的瞧不起男的   D 男的汉语可能马马虎虎

29. A 女的最近在复习考试   B 女的现在感觉很凉快

C 男的认为上课要好好学习   D 女的现在看起来很累

30. A 女的要参加春节晚会   B 女的在男的这里报名

C 朱丽叶是班长   D 朱丽叶想在晚会上表演节目

31. **A** 三年   **B** 一个月   **C** 四年一个月   **D** 两年

32. **A** 天气预报是准确的   **B** 觉得今天会下雨

     C 不相信天气预报   **D** 按照女的说的做

33. **A** 女的很喜欢这幅画儿   **B** 这幅画儿值三万块

     C 这幅画儿不如她的衣服漂亮   **D** 比起这幅画儿，她更喜欢新衣服

34. **A** 他们想吃西餐   **B** 他们打算去看樱花

     C 马上就要放假了   **D** 他们对花过敏

35. **A** 摔倒了   **B** 右腿骨折了   **C** 昨天没有去上课   **D** 住院了

36. **A** HJ0987   **B** SJ0987   **C** HG0987   **D** HK0897

37. **A** 餐桌下面   **B** 座椅上方   **C** 安全带上   **D** 座椅后面

38. **A** 出差了   **B** 买鞋去了   **C** 做饭去了   **D** 回美国了

39. **A** 玛丽不喜欢玫瑰花

     B 玛丽喜欢鞋子

     C 男的很爱玛丽

     D "九"是"久"的意思，因为男的等了玛丽很久

40. **A** 25.4%   **B** 22.6%   **C** 38.5%   **D** 32.8%

41. **A** 他们很胖   **B** 他们没有事情做

     C 他们吃好了，玩好了   **D** 肥胖是导致人体疾病的原因之一

42. **A** 嫦娥、玉兔、吴刚、树   **B** 嫦娥、老鼠、吴刚、树

     C 美女、玉树、吴刚、嫦娥   **D** 月饼、男人、玉兔、树

43. **A** 他喜欢砍树　　　　　　　**B** 那棵树不漂亮

　　　C 他做错了事情　　　　　　**D** 嫦娥让他砍的

44. **A** 卖酒的　　　　**B** 老师　　　　**C** 学生　　　　**D** 医生

45. **A** 青岛啤酒　　　　**B** 葡萄酒　　　　**C** 雪花啤酒　　　　**D** 茅台酒

二、阅 读

第一部分

第46-50题：选词填空。

A 重新　　B 着　　C 积累　　D 坚持　　E 凉快　　F 听不懂

例如：她每天都（ D ）走路上下班，所以身体一直很不错。

46. 九月过后，天气就会一天天（　　）下来。

47. 他现在的护照马上就要过期了，他打算下周去（　　）申请一本护照。

48. 爷爷常说他（　　）流行音乐在唱些什么，而且一点儿都不好听。

49. 丰富的经验不是一天两天就能有的，而是需要慢慢（　　）的。

50. 我从小习惯躺（　　）看书，所以现在眼睛不太好，需要戴眼镜才能看清楚远处的东西。

第 51-55 题：选词填空。

A 受不了　　B 打折　　C 另外　　D 终于　　E 按照　　F 温度

例如：A：今天真冷啊，好像白天最高（　F　）才 2℃。

B：刚才电视里说明天更冷。

51. A：你（　　）来了，我等你半个多小时了。

B：真抱歉，路上堵车堵得很厉害，所以迟到了。

52. A：欢迎您来到电影城，请您（　　）电影票上的座位号入座。

B：好的，谢谢。

53. A：真（　　）这么多的电视广告，刚看了几分钟电视节目，又开始播广告。

B：是啊，广告的时间竟然比电视节目的还要长。

54. A：请问，汉语水平考试报名需要准备哪些东西？

B：你需要提供护照和签证的复印件，（　　）还要准备两张照片。

55. A：今天这家商店有（　　）活动，原来 100 块钱的东西，现在只需要 50 块钱就能买到。

B：那我们快进去看看吧，也许能买到又便宜又好的东西。

第二部分

第56-65题：排列顺序。

例如：**A** 可是今天起晚了

      B 平时我骑自行车上下班

      C 所以就打车来公司　　　　　　　　　　　　B A C

---

56. **A** 多吃羊肉可以有效预防多种疾病

      B 这样就使很多人把它拒之门外

      C 然而羊肉有一种怪味儿　　　　　　　　　_____

57. **A** 尤其是学历方面

      B 必须博士毕业才行

      C 在大学里当老师要求很高　　　　　　　_____

58. **A** 爸妈总是担心我在中国的生活情况

      B 其实我在这边的生活挺好的

      C 每周都要给我打三次电话　　　　　　　_____

59. **A** 吃牛排原本是西方国家的习惯

      B 流行的不只是牛排，还有比萨饼、沙拉、布丁等等

      C 不过，最近几年在中国也变得很流行　_____

60. **A** 为此老师还找我谈话，告诉我要细心

    B 由于我粗心大意

    C 这次考试只考了 45 分   _____

61. **A** 以前，地球到底是什么形状的，谁也不知道

    B 大家才相信地球是圆的

    C 直到葡萄牙航海家麦哲伦第一次环球航行后   _____

62. **A** 吸烟有害健康

    B 还是有越来越多的人正在成为烟民

    C 尽管大家都知道这个道理   _____

63. **A** 既然选择了学习汉语

    B 就一定要坚持下去

    C 学习汉语是需要时间的   _____

64. **A** 参观博物馆的时候

    B 另外还要注意不能拍照

    C 要注意不能大声说话   _____

65. **A** 其次是去外滩玩儿

    B 这次去上海

    C 主要是去参加会议   _____

第三部分

第66-85题：请选出正确答案。

例如：她很活泼，说话很有趣，总能给我们带来快乐，我们都很喜欢和她在
一起。

★ 她是个什么样的人？

A 幽默 ✓　　 B 马虎　　 C 骄傲　　 D 害羞

66. 阿华，我听说附近的超市需要招聘两名售货员。我觉得你挺适合的，要不
去试一试？

★ 阿华可能在干什么？

A 卖东西　　　 B 实习　　　 C 找工作　　　 D 招聘员工

67. 过生日的时候，爸爸送给我一个照相机，很漂亮，两万多块钱呢！照片照
出来的效果也很棒。但是，用了不到三天就坏了。妈妈和我都怀疑爸爸被
人骗了。

★ 根据短文可以知道这个照相机怎么样？

A 很流行　　　 B 价格不错　　 C 质量不好　　 D 是合格产品

68. 露西啊，你看亨利今天穿得多正式！知道你要出院，他特意从北京飞过来
接你，是不是感动得想哭啊？

★ 亨利是怎么来接露西的？

A 专门　　　 B 随便　　　 C 大方　　　 D 顺便

69. 《星球大战》的票卖得太火了，电影票不好买。如果你想跟小丽一起去看的
话，要早点儿做好准备。否则，看不成电影，她会不高兴的。

★ 要买到电影票，应该怎么做？

A 马上去买　　 B 现在去买　　 C 按时去买　　 D 提前去买

70. 京剧，自形成到现在已经有约二百年的历史了，是中国文化的重要组成部
分，尤其在 20 世纪三四十年代特别流行。京剧以其成熟的表演艺术吸引了

很多外国朋友来中国学习。

★ 根据这段话，下面哪一年特别流行京剧？

A 1740 年　　　B 2008 年　　　C 1976 年　　　D 1938 年

71. 服务员，菜单有没有英文的啊？我太太看不懂这道菜的材料说明。如果有英文的，你给她拿一份吧，这样她就可以直接看了。

★ 他们在哪里？

A 宾馆　　　B 饭馆　　　C 大使馆　　　D 旅馆

72. 我们都不太了解杰克，不明白他为什么有时候很干净有时候很奇怪。外出的时候他的衣服很干净，头发也很整齐。但是，去他家的时候他往往连脸都不洗、牙都不刷，房间里也乱极了，晚上一两点的时候才起床开始吃饭。

★ 杰克这个人怎么样？

A 奇怪　　　B 难怪　　　C 正常　　　D 复杂

73. 过生日的时候，他会给我买蛋糕；情人节的时候，他会送我玫瑰和巧克力；下雨的时候，他会跟我一起在雨中散步；下雪的时候，他会为我在雪中唱歌。这就是我的男朋友阿明。

★ 阿明是个什么样的人？

A 无聊　　　B 孤单　　　C 浪漫　　　D 可爱

74. 前面是加油站，我们需要给车加油，大概需要几分钟，麻烦您等一下。如果您觉得没事做，可以下车透透气。

★ 说话人可能是什么人？

A 工人　　　B 司机　　　C 厨师　　　D 演员

75. 哎呀，老张啊，都三十年不见了，你还是老样子。说五点到就五点到，没有多一分钟也没有少一分钟，真有你的。

★ 老张是个什么样的人？

A 按时　　　B 平时　　　C 暂时　　　D 准时

76. 来，咱们干一杯吧！预祝小华考试顺利！说好了啊，一定得喝，这事儿没商量。

★ 他们在干什么？

　　A 喝酒　　　　　B 喝茶　　　　　C 喝咖啡　　　　D 考试

77. 哎呀，我的天哪！小胖你是不是在搬家啊？这么大的一个行李箱。来，让我试试！天哪，你那点儿力气，拿得了吗？

　　★ 小胖的行李箱怎么样？

　　A 很厚　　　　　B 很轻　　　　　C 很硬　　　　　D 很重

78. 很多公司都有自己的网站。其实，网站就像一个电子通知栏。每个公司可以将自己的文章或照片放在网站上，让更多的人可以了解这个公司，从而增强公司的影响力。

　　★ 这段话主要说：

　　A 网站是什么　　　　　　　　　B 谁有网站

　　C 网站的作用　　　　　　　　　D 网站上有什么

79. 芳芳，我现在正式向你道歉。上次我没有陪你去看电影，是我的错。但是，我可以向你保证，这样的事再也不会发生了。以后即使我的工作再重要，你的话我也不敢不听。你就不要再生气了，可以吗？

　　★ "我"希望芳芳怎么样？

　　A 答应我　　　　B 原谅我　　　　C 陪伴我　　　　D 相信我

80-81.

　　近些年，中国发展得很快，人们的生活水平也提高了很多。与此同时，大家的工作、学习压力也增加了不少。学校里，孩子们学习要比赛；公司里，大人们工作要竞争。很多人都觉得生活得很辛苦。医生们认为，面对这一状况，要注意调整自己的心态，提高对新环境的适应能力，保证足够的休息和运动时间，每天都有愉快的心情——你的心态决定你的幸福！

　　★ 什么对减少压力最重要？

　　A 心态　　　　B 比赛　　　　C 医生　　　　D 竞争

　　★ 这段话主要说什么？

　　A 中国人的压力　　　　　　　　B 怎么减少压力

　　C 心态决定幸福　　　　　　　　D 提高适应能力

82-83.

我很喜欢体育运动，比如打羽毛球、打篮球、踢足球、跑步、游泳。但是我学习不好，这让妈妈非常失望。去年暑假，老师们希望我代表学校去北京参加羽毛球比赛，妈妈知道后坚决反对，她说学生的任务就是学习，其他都不重要。老师们解释了四五天，她才同意。比赛那天，我以3∶1的好成绩赢得了第一名。当观众们鼓掌向我表示祝贺时，我哭了，我希望妈妈能够明白，学习不优秀的孩子同样能够成功。

★ 妈妈认为什么最重要？

A 比赛　　　　　　　　　　B 得第一名

C 做体育明星　　　　　　　D 学习优秀

★ 从这段话我们可以知道什么？

A 学习最重要　　　　　　　B 体育最重要

C 每个人都可以成功　　　　D 不要让妈妈失望

84-85.

您好！贵公司的规定我已经阅读过了，我认为自己很符合贵公司对新员工的所有要求。首先，我学的正好是法律专业，有很好的专业基础和一定的实践经验；第二，我能说一口流利的英语和阿拉伯语，并且在加拿大学习过三年；第三，贵公司要求员工的年龄是22到32岁之间，而我今年刚刚25岁。我的回答结束了，谢谢您的提问。

★ "我"想干什么工作？

A 警察　　　　B 律师　　　　C 翻译　　　　D 经理

★ "我"对得到这个工作怎么样？

A 有信心　　　　B 很担心　　　　C 无所谓　　　　D 不在乎

三、书 写

第一部分

第 86-95 题：完成句子。

例如：那座桥　800 年的　历史　有　了
　　　<u>那座桥有 800 年的历史了。</u>

86. 偷　我的　被　包　走了　小偷

87. 被　了　一顿　批评　小王

88. 了　只　一半　吃　面包

89. 低　气温　广州　比　北京的

90. 穿的　她　一样　跟　衣服　我的　今天

91. 一样　跟　喝着　不　那种　这种饮料　感觉

92. 人口　杭州的　没有　多　那么　上海

93. 一下　把　说　发生的事情　请你　今天

94. 今天的　把　拿　报纸　来了　我

95. 学好　才　汉语　把　怎样　能

第二部分

第 96-100 题：看图，用词造句。

例如：　　　　　　　　　　乒乓球　　她很喜欢打乒乓球。

96.　　　　　　　　　　整齐

97.　　　　　　　　　　寄

98.　　　　　　　　　　长城

99.　　　　　　　　　　帽子

100.　　　　　　　　　保护

HSK（四级）全真模拟试卷 ③ 听力材料

（音乐，30秒，渐弱）

大家好！欢迎参加 HSK（四级）考试。
大家好！欢迎参加 HSK（四级）考试。
大家好！欢迎参加 HSK（四级）考试。

HSK（四级）听力考试分三部分，共 45 题。
请大家注意，听力考试现在开始。

第一部分

一共 10 个题，每题听一次。

例如：我打算去成都旅游，不知道你暑假有没有时间。如果有时间，我们可以
　　一起去旅游吗？
　　　　★ 他打算去成都旅游。

　　我现在很少去教室自习，不是因为我不想去，而是因为最近天气不好，
天天下雨，所以我觉得去教室自习很麻烦。
　　　　★ 他现在经常去教室自习。

现在开始第 1 题：

1. 我喝奶茶的时候喜欢加冰块儿。
　　★ 这个人喜欢喝冰奶茶。

2. 朱丽叶，上次是你请我吃饭的，这次我来吧。
　　★ 朱丽叶想请他吃饭。

3. 你不觉得丽丽现在越来越漂亮了吗？身材也比刚来中国的时候瘦多了。
　　★ 丽丽瘦了很多。

4. 班长，你一定要让杰克参加留学生运动会。他非常喜欢运动，尤其是打篮球。
　　★ 杰克很喜欢运动，除了打篮球。

5. 现在我一放假就待在宿舍里看书，哪儿也不去。以前总是喜欢去旅游，花费了不少时间。

★ 旅游花了他不少时间。

6. 我从来没有想过亨利的汉语能说得这么流利，他来中国才一年半啊。我都来了三年了，发音还是不标准。

★ 亨利的汉语说得没有他标准。

7. 你再等我十分钟，饭马上就好了。

★ 他在做饭。

8. 女士，这件衣服怎么样？颜色挺适合您的，价格也很便宜，而且只剩下这一件了。现在不买，您可能会后悔的。

★ 他是个售货员。

9. 先生，对不起，我们现在没有那么多美元，您填一下外币预约单吧。

★ 他们现在在大使馆。

10. 过了马路往右转，坐432路公共汽车就可以到我家了。也可以不坐车，因为只有一站路。

★ 他家离公共汽车站很远。

第二部分

一共 15 个题，每题听一次。

例如：女：快点儿走吧，马上要上课了！

　　　男：没关系的，现在是两点半上课，还有半个小时呢！

　　　问：现在是什么时候？

现在开始第 11 题：

11. 男：为什么不在食堂吃啊？那里的饭菜比这里的便宜多了。

　　　女：但是太吵了。

　　　问：学校的食堂怎么样？

12. 女：以后还是少抽点儿烟，一抽就咳嗽。

　　　男：你都说过八百次了。

问：男的怎么样？

13. 男：你当医生很长时间了吧？看起来大家都认识你。
    女：也就一年的时间。我读书的时候在这家医院实习过，所以大家都认识我。
    问：为什么大家都认识这个女的？

14. 女：麻烦你把声音关了可以吗？我正在写作业呢！
    男：对不起，我马上戴耳机。
    问：男的可能在干什么？

15. 男：亲爱的，我来帮你做饭吧！
    女：去去去，回客厅去。你在这里只会越帮越忙。
    问：他们在哪里？

16. 女：这种药药效比较好，只要每天饭后吃一片，你的咳嗽就好了。
    男：您放心，一日三餐，我会记得按时吃药的。
    问：男的一天吃几片药？

17. 男：你那个越南朋友今天又没有来上课，是不是生病了？
    女：他没生病，不过他弟弟生病住院了。所以，他和他姐姐请假去医院看弟弟去了。
    问：谁生病了？

18. 女：咖啡和果汁你喜欢喝哪一种？
    男：咖啡很香，果汁富含维生素，不过，我还是喜欢喝茶。
    问：男的是什么意思？

19. 男：我要一双41码的运动鞋，白色的。
    女：对不起，白色的卖完了，只有黑色和黄色的。
    问：男的可能喜欢什么颜色？

20. 女：你在中国待了几年了？
    男：来的时候我刚刚23岁，没想到时间过得这么快，一下子我就32岁了。
    问：男的在中国待了几年了？

21. 男：丹尼尔这个人啊，谁说起他都会竖大拇指！
    女：那是当然！

问：丹尼尔怎么样？

22. 女：亨利，你认识我们学校的李美教授吗？她的一个学生的妈妈知道我在
这个学校后，非要我带一份礼物给李教授不可。

男：我不认识，你问问谢芳吧。

问：礼物是谁送的？

23. 男：我要你打印的资料在哪里？怎么现在还没有送来？

女：对不起，刚才小李来了，我让他给您送到办公室去了。

问：他们最可能是什么关系？

24. 女：天气这么好，应该出去走走啊！

男：唉，明天我就要考物理了。

问：男的是什么意思？

25. 男：维尼娜，你不是说要减肥吗？怎么还吃那么多？

女：对呀，为了变得瘦点儿，我只吃巧克力和冰淇淋。

问：维尼娜可能会变得怎么样？

第三部分

一共 20 个题，每题听一次。

例如：男：玛丽，你去哪里啊？

女：去开会啊，不是说今天下午三点钟在留学生办公室开会吗？你还
不去？

男：是吗？我怎么不知道啊！没有人告诉我。

女：现在我不是告诉你了吗？快点儿准备准备，我们一起去吧！

男：太谢谢你了，幸亏遇到你了。

问：今天在哪里开会？

现在开始第 26 题：

26. 女：明天是中秋节，我们应该去买点儿粽子回来啊！

男：哎呀，应该是月饼吧！

问：下面哪句话是错的？

27. 男：这是什么时候的照片呐？上面怎么没有看到你呢？

女：爸爸后面的那个长头发的不就是我吗？

男：哎呀，你长头发的样子真好看，我都没有看出你来。

女：我现在这样子不也很好看吗？

问：下面哪个选项正确？

28. 女：你一会儿唱歌，一会儿跳舞，一会儿又演讲的，究竟在干什么？

男：我正在准备"汉语桥"比赛呢。

女：啊，你要参加"汉语桥"比赛？不是开玩笑吧？

男：告诉你，别瞧不起人，我们走着瞧。

问：下面哪句话是错的？

29. 男：你怎么看起来这么累？发生什么事情了？

女：为了复习物理和生物，我一晚上都没有休息。现在已经困死了。

男：哪有你这样复习的啊？与其考试之前复习得这么累，不如平时上课的时候好好学习。

女：我都已经快疯了，你就不要说风凉话了。

问：下面哪句话是错的？

30. 女：留学生春节晚会什么时候举行啊？

男：怎么了，你要表演什么节目吗？

女：不是我，是朱丽叶，她想给大家一个惊喜。

男：那你让她去班长那里报名吧。

问：下面哪句话是对的？

31. 男：芳芳，好久不见了，这是你的孩子吗？

女：是的。你看，上次见面的时候她刚出生，现在都已经三岁了。

男：可不是。瞧，这大眼睛，小嘴巴，太像你了。怎么没看到田亮啊？

女：他有事，一个月前回中国了。

问：他们几年没见面了？

32. 女：天气预报说今天会下大雨，你还是带着雨伞吧。

男：嗨，你看天气这么好，怎么可能会下雨？

女：不怕一万，就怕万一啊！

男：那就听你的吧。

问：男的最后是什么意思？

33. 男：我给你买的那幅画儿漂亮吧？

女：很漂亮，不过，那么一幅画儿也值三万块？

男：那可是著名画家的画儿呀！

女：我才不管什么著名画家呢，早知道你花这么多钱买幅画儿，还不如给我买几件新衣服。

问：女的是什么意思？

34. 女：放假的时候我们一起出去吃饭吧，最近新开了一家西餐厅，听说很不错。

男：我只吃中国菜。

女：要不我们去植物园玩儿，听说里边的花儿都开了，很漂亮。

男：我对花儿过敏。

问：下面哪句话可能是对的？

35. 男：科德又请假了，不知道为什么。

女：还不是因为昨天上体育课的时候他摔倒了，现在正在医院里躺着呢。

男：那你怎么不早说？我们好去看看他呀。

女：昨天我们已经开会讨论过了，谁叫你不去上课啊！

问：男的怎么了？

第 36 到 37 题是根据下面一段话：

各位旅客，大家好，我是本次航班的空姐刘东，非常高兴能为大家服务。HJ0987 号航班已经准备起飞，请大家系好安全带。本航班将于北京时间早上八点半从广州白云机场起飞，飞往美国纽约国际机场。请还没有将手机关闭的旅客关闭手机，请带小孩儿的旅客注意您小孩儿的安全。如果您有什么需要，请按座椅上方的呼叫按钮，我们会立刻赶到您的身边为您服务。谢谢！

36. 这次的航班号是多少？

37. 呼叫按钮在哪儿？

第 38 到 39 题是根据下面一段话：

情人节那天，我买了 999 朵玫瑰、199 块巧克力。而且，我很早就起来了，打扫了房间，做好了早饭，一直在等玛丽回来。三天前她去出差了，说好今天早上八点就能到家的。所以，我做好了一切，准备给她一个惊喜。谁知道，她回来之后很不高兴，说我花那么多钱买些没用的东西。我解释了半天，说在汉语里，"九"和"久"的发音一样，意思是长长久久，我会跟她一直在一起。后来她终于开心了，因为我答应给她买一双新皮鞋。以后过情人节，我再也不买什么花儿、巧克力了，还是买鞋吧。看来，不是每个女人都喜欢玫瑰花。

38. 玛丽去哪里了?

39. 下面哪句话是错的?

第 40 到 41 题是根据下面一段话:

研究发现,目前中国人的收入只有 20% 用于食品消费,比 10 年前减少了 18.5%。随着人们生活水平的提高,越来越多的人吃好了,玩好了,同时也变胖了。由于肥胖是导致人体疾病的一个重要因素,越来越多的人认识到运动对身体健康的重要性,所以,越来越多的人开始重视健身。

40. 10 年前中国人的食品消费占收入的多少?

41. 为什么越来越多的人重视健身?

第 42 到 43 题是根据下面一段话:

今天上课的时候老师给大家一人发了一个圆圆的点心,老师告诉我们这叫月饼,明天就是中国的传统节日——中秋节了。中秋节这天,中国家庭会在晚上一起吃月饼、看月亮。中秋节晚上的月亮特别圆。据说月亮里面住着一位美女叫嫦娥,还住着一只兔子叫玉兔,还有一个男人叫吴刚,他因为做错了事情,所以被命令一直在砍一棵树。大家听了都非常感兴趣,都想看看明天晚上的月亮里是不是真的有这些人和物。

42. 人们传说月亮里面有什么?

43. 吴刚为什么要砍树?

第 44 到 45 题是根据下面一段话:

爸爸很喜欢喝酒,而且不喝啤酒,只喝白酒,这让妈妈非常生气。大家问他为什么,他说喝酒能让他忘记生活中的烦恼。有一次他给学生上课的时候,他看见一个学生竟然在喝茅台酒,就马上批评了他。"你为什么要喝酒啊?"爸爸问。"喝酒能让我忘记学习中的烦恼。"学生回答。

44. 爸爸是干什么的?

45. 爸爸可能会喜欢喝什么酒?

听力考试现在结束。

HSK（四级）全真模拟试卷 ③ 答案

一、听 力

第一部分

1. ✓	2. ×	3. ✓	4. ×	5. ✓
6. ×	7. ✓	8. ✓	9. ×	10. ×

第二部分

11. D	12. B	13. D	14. C	15. C
16. B	17. B	18. D	19. A	20. C
21. A	22. D	23. A	24. D	25. B

第三部分

26. B	27. D	28. B	29. B	30. D
31. A	32. D	33. D	34. C	35. C
36. A	37. B	38. A	39. D	40. C
41. D	42. A	43. C	44. B	45. D

二、阅 读

第一部分

46. E	47. A	48. F	49. C	50. B
51. D	52. E	53. A	54. C	55. B

第二部分

56. ACB	57. CAB	58. ACB	59. ACB	60. BCA
61. ACB	62. ACB	63. CAB	64. ACB	65. BCA

第三部分

66. C	67. C	68. A	69. D	70. D
71. B	72. A	73. C	74. B	75. D
76. A	77. D	78. C	79. B	80. A
81. C	82. D	83. C	84. B	85. A

三、书 写

第一部分

86. 我的包被小偷偷走了。

87. 小王被批评了一顿。

88. 面包只吃了一半。／只吃了一半面包。

89. 北京的气温比广州低。

90. 今天她穿的衣服跟我的一样。／她今天穿的衣服跟我的一样。

91. 这种饮料跟那种喝着感觉不一样。

92. 杭州的人口没有上海那么多。

93. 请你把今天发生的事情说一下。

94. 我把今天的报纸拿来了。

95. 怎样才能把汉语学好？

第二部分
（参考答案）

96. 小丽的房间很整齐。

97. 我要把这些贺卡寄给远方的朋友。

98. 中国的长城历史悠久。

99. 奶奶很喜欢她的帽子。

100. 我们要保护地球环境，让它不受污染。

汉 语 水 平 考 试

HSK（四级）全真模拟
试卷 ④

注　　意

一、HSK（四级）分三部分：

　　1. 听力（45 题，约 30 分钟）

　　2. 阅读（40 题，40 分钟）

　　3. 书写（15 题，25 分钟）

二、听力结束后，有 5 分钟填写答题卡。

三、全部考试约 105 分钟（含考生填写个人信息时间 5 分钟）。

一、听 力

第 一 部 分

第 1-10 题：判断对错。

例如：我打算去成都旅游，不知道你暑假有没有时间。如果有时间，我们可以
　　一起去旅游吗？

　　★ 他打算去成都旅游。　　　　　　　　　　　　　　　(✓)

　　我现在很少去教室自习，不是因为我不想去，而是因为最近天气不好，
天天下雨，所以我觉得去教室自习很麻烦。

　　★ 他现在经常去教室自习。　　　　　　　　　　　　　(×)

1. ★ 杰克成绩好，获得了奖学金。　　　　　　　　　　　(　　)

2. ★ 刘刚还没有找到工作。　　　　　　　　　　　　　　(　　)

3. ★ 小明租住的房子离学校不远。　　　　　　　　　　　(　　)

4. ★ 复印店的老板从来不给乔治打折。　　　　　　　　　(　　)

5. ★ 张方的小学同学在开出租车。　　　　　　　　　　　(　　)

6. ★ 露西是个骄傲的女孩儿。　　　　　　　　　　　　　(　　)

7. ★ 中国菜在英国很受欢迎。　　　　　　　　　　　　　(　　)

8. ★ 姐姐和妹妹爱好不一样。　　　　　　　　　　　　　(　　)

9. ★ 女朋友原谅他了。　　　　　　　　　　　　　　　　(　　)

10. ★ 安德有点儿不正常。　　　　　　　　　　　　　　(　　)

第二部分

第11-25题：请选出正确答案。

例如：女：快点儿走吧，马上要上课了！

男：没关系的，现在是两点半上课，还有半个小时呢！

问：现在是什么时候？

A 两点半　　　　B 上课了　　　　C 两点✓　　　　D 不知道

11. A 男的已经没有机会了　　　　　B 女的不认识那位姑娘

C 女的认识那位姑娘的男朋友　　D 女的生气了

12. A 等电话通知　　　　　　B 填写报名表格

C 直接打电话报名　　　　D 男的也不知道该怎么办

13. A 男的来晚了　　　　　　B 男的不合适

C 女的觉得很抱歉　　　　D 女的觉得男的不诚实

14. A 去参观博物馆　　　　　B 去动物园玩儿

C 男的都不想去　　　　　D 男的觉得都可以

15. A 女的没有传真机　　　　B 李先生知道传真号码

C 女的不知道怎么接收传真　D 女的认为收发传真很麻烦

16. A 还行　　　　B 太辣了　　　　C 不怎么样　　　　D 太咸了

17. A 他们的家离得不近　　　　B 中国和美国离得不远

C 女的同意男的说的话　　　D 不能相信地图

18. **A** 男的喜欢唱歌   **B** 男的喜欢打扰别人

    C 男的很抱歉   **D** 男的唱歌的时候开着窗户

19. **A** 父亲和女儿   **B** 爷爷和孙女

    C 叔叔和小朋友   **D** 弟弟和姐姐

20. **A** 调查清楚了   **B** 不需要时间

    C 需要汉语翻译   **D** 不需要帮忙

21. **A** 心情不好   **B** 在生别人的气

    C 申请奖学金成功了   **D** 有人让她生气了

22. **A** 厨房   **B** 饭馆   **C** 菜市场   **D** 超市

23. **A** 女的想结婚了   **B** 女的喜欢男的

    C 女的没有任何烦恼   **D** 女的不想跟男的说话

24. **A** 已经六点了   **B** 男的还没来

    C 女的生气了   **D** 男的在电影院

25. **A** 80 分   **B** 60 分   **C** 40 分   **D** 20 分

第 三 部 分

第 26-45 题：请选出正确答案。

例如：男：玛丽，你去哪里啊？

女：去开会啊，不是说今天下午三点钟在留学生办公室开会吗？你还

不去？

男：是吗？我怎么不知道啊！没有人告诉我。

女：现在我不是告诉你了吗？快点儿准备准备，我们一起去吧！

男：太谢谢你了，幸亏遇到你了。

问：今天在哪里开会？

A 在留学生办公室 ✓　　　　　B 在教室

C 在图书馆　　　　　　　　　　D 在玛丽的宿舍

26. A 星期天　　　B 星期五　　　C 星期二　　　D 不知道

27. A 女的住在 508 房间　　　　　B 女的在宾馆工作

C 男的在花店工作　　　　　　　D 花店的员工穿着西装

28. A 见客户　　　B 谈生意　　　C 购物　　　　D 加班

29. A 适应能力强　　　　　　　　　B 跟别的留学生一样

C 不习惯这里的气候　　　　　　D 到处旅游

30. A 去医院实习　　B 去医院看病　　C 参加比赛　　　D 去北京上课

31. A 他们可能是父女关系　　　　　B 女的妈妈允许她吃火锅

C 最近气温高　　　　　　　　　D 男的很关心女的

32. A 节目表演得很精彩   B 节目很有趣

    C 儿子在表演节目   D 观众都很喜欢这个节目

33. A 男的刚刚有了孩子   B 男的工作不够努力

    C 还没有研究决定   D 没有什么理由，就是不愿意

34. A 刘明很懒   B 刘明还没有结婚

    C 刘明不聪明   D 刘明家庭关系复杂

35. A 11 点   B 4 点   C 10 点   D 14 点

36. A 不想回去   B 公司不让回去

    C 需要加班   D 买不到火车票

37. A 年纪大了，还没结婚   B 工作很多年了，还没有买房

    C 没有买车   D 亲戚朋友的问题让她难受

38. A 不太好   B 互相说话   C 不怎么吵架   D 不讨厌对方

39. A 人与人之间需要交流   B 网上购物增进情感交流

    C 爸爸妈妈总是逛街   D 网上购物不适合年轻人

40. A 警察   B 售货员   C 汉语老师   D 翻译

41. A 售货员想吃什么就可以拿   B 翻译经常去不同的国家旅游

    C 人的理想会不断发生变化   D 只有警察才能抓小偷

42. A 1980—1989 年   B 1988—1994 年

    C 1970—1979 年   D 1977—1987 年

43. A "80后"压力大　　　　　　B "80后"往往是独生子女

　　 C "80后"找工作不容易　　　D "80后"都没有孩子

44. A 电脑、手表、相机、香烟　　B 笔记本、手表、钥匙、信用卡

　　 C 计算机、钱、闹钟、电话机　D 烟酒、眼镜、钱、行李箱

45. A 他与小偷认识，他们很熟悉

　　 B 小偷是他的亲戚

　　 C 想知道晚上回家怎么不吵醒妻子

　　 D 他对小偷的做法感到非常生气

二、阅读

第一部分

第46-50题：选词填空。

　　　A 组成　　B 白　　C 整理　　D 坚持　　E 按时　　F 帮忙

例如：她每天都（ D ）走路上下班，所以身体一直很不错。

46. 每天下班前，图书馆的工作人员都要（　　）一下当天学生还来的图书。

47. 广播里说，今天有一位老爷爷在街上散步时被撞倒了，当时周围的人全来（　　）了。

48. 出院时，护士提醒我，让我一定要保证每天的睡眠时间，必须（　　）休息。

49. 这个周末，我本来想跟家人去动物园看大熊猫的。但是，由于熊猫生病了，什么也没看到，真是（　　）兴奋了。

50. 一台照相机由镜头、快门、光圈三个重要部分（　　）。

第 51-55 题：选词填空。

A 允许　　　**B** 至少　　　**C** 温度　　　**D** 误会　　　**E** 常常　　　**F** 比较

例如：A：今天真冷啊，好像白天最高（ C ）才2℃。

　　　　B：刚才电视里说明天更冷。

51. A：去超市购物时，你是自己带购物袋，还是用超市的一次性塑料袋呢？

　　　B：我觉得用一次性塑料袋（ 　 ）方便，但是一次性塑料袋对环境有污染，所以我经常自带购物袋。

52. A：昨天晚会上，跟你跳舞的女孩儿是你女朋友吗？

　　　B：说什么呢？你（ 　 ）了。她是我表妹。

53. A：你看你，刚才还好好的呢，怎么又生气了？

　　　B：我受够了，这算什么约会啊？今天情人节，你（ 　 ）应该送我一束花吧。

54. A：为了按时完成任务，请您（ 　 ）我今天晚上在公司加班吧。

　　　B：好吧，不要太辛苦了啊。这是大门钥匙，加完班记得关门。

55. A：崔浩去哪儿了？刚刚还在这儿打网球呢。

　　　B：应该在那个商店吧。他打完球（ 　 ）会去买饮料喝。

第二部分

第56-65题：排列顺序。

例如：**A** 可是今天起晚了

    B 平时我骑自行车上下班

    C 所以就打车来公司   <u>B A C</u>

56. **A** 除了要带护照外

    B 去银行申请银行卡时

    C 还需要填写很多表格   <u>   </u>

57. **A** 在一些国家和地区

    B 并且有些教室连像样的桌椅也没有

    C 有很多学校的教室还是夏天热冬天冷   <u>   </u>

58. **A** 而且每周还要去医院打一次针

    B 林娜在这次车祸中受了伤

    C 她不但每天都得吃药   <u>   </u>

59. **A** 我们就马上去那里旅游

    B 再过几天看看，只要空气质量变好

    C 最近那里的空气污染太严重了   <u>   </u>

60. A 今天这个班的学生本来计划去秋游的

   B 只好推迟到下周再去了

   C 然而老天不作美　　　　　　　　　　　　　　　　　_____

61. A 最后也没弄清楚需不需要住院

   B 一会儿又说不用住院

   C 这家医院的医生水平不行，一会儿让住院　　　_____

62. A 为了能让孩子接受更好的教育

   B 还把工作辞了，专心陪孩子学习

   C 她不仅把大房子换成了小的学区房　　　　　　____

63. A 根据我们公司今年的招聘计划

   B 我们将为贵校毕业生提供近一百个工作机会

   C 欢迎同学们积极申请　　　　　　　　　　　　_____

64. A 互联网市场竞争很激烈，如果你的公司不能适应市场

   B 就会很快被其他公司吃掉

   C 最近五六年　　　　　　　　　　　　　　　　　_____

65. A 然后再去现场提交材料

   B 最好先提前打电话预约时间

   C 去大使馆办理签证时　　　　　　　　　　　　_____

第三部分

第 66-85 题：请选出正确答案。

例如：她很活泼，说话很有趣，总能给我们带来快乐，我们都很喜欢和她在
一起。

    ★ 她是个什么样的人？

    A 幽默 ✓   **B** 马虎   **C** 骄傲   **D** 害羞

66. 读研究生以来，每次专业课上都要阅读大量专业文章。这既是老师给我们的
作业，也是做好专业研究的重要条件之一。面对复杂的问题，先要了解以前
的人对这个问题做过哪些研究，在别人研究的基础上进行，才有可能成功。

    ★ 关于研究生读专业文章的原因，下面哪一句话是对的？

    A 锻炼写作   **B** 帮老师找材料

    C 了解前人的研究   **D** 为了毕业后找到好工作

67. 马拉松是国际上常见的长跑比赛，全程距离 42.195 公里。每年中国很多城
市都会举行马拉松比赛，例如沈阳、南京、青岛、深圳、武汉等。巨额的
奖金吸引了很多国家的运动员来参赛。但有些人不是为了奖金，只是为了
参与到跑步运动中来，对这些人来说，名次并不重要。

    ★ 马拉松比赛：

    A 奖金很少   **B** 只有中国人参加

    C 每个城市都会举行   **D** 有四十多公里

68. 从地图上看，从我家到学校不过二十公里，开车有时需要四十分钟，有时
只需要十五分钟，这主要看道路的情况和红绿灯时间的长短。有时很顺利，
到路口时正好全部是绿灯，十五分钟就到了；但有时就很不顺，路口遇到
的全是红灯，那就得走四十分钟了。

    ★ 从"我"家到学校：

    A 地图上看不远   **B** 十五分钟肯定能到

    C 没有红绿灯   **D** 地图上看很远

69. 去年我去法国旅游，到机场后，机场工作人员说我的行李箱超重了。我不想加钱，就把行李箱里的吃的全都扔了。等到巴黎时才发现，当时由于太着急，把一个装有现金的塑料袋也丢进机场的垃圾桶了，我后悔死了。

   ★ 去年去法国旅游发生了什么？

   A 行李箱丢了   B 忘记带吃的了
   C 没有带钱   D 钱被错扔了

70. 这部电影非常精彩，不仅故事吸引人，电影的画面也非常美。更为重要的是，电影里的主要演员几乎全是国际上著名的电影明星。所以这部电影在中国赚了很多钱。

   ★ 这部电影：

   A 故事很棒   B 演员不很有名
   C 画面一般   D 去看的人不多

71. 在电视上看节目时，经常看到广告，部分广告的时间很长，只是重复地说自己的商品好，一点儿意思也没有。广告太多了，确实影响观众的心情。所以现在很多人选择在网上看节目，因为网上节目的广告少一些。

   ★ 关于这段话，下面哪一句话是对的？

   A 电视上广告很多   B 广告都很长
   C 广告很有意思   D 网上看节目不方便

72. 这位老教授 78 岁了，他 1982 年就获得了博士学位，是新中国第一批博士生。现在他仍然坚持给本科生上课，去听他课的学生有很多，并且都很认真，没有迟到早退的现象。

   ★ 这位老教授：

   A 很受学生们欢迎   B 1982 年开始读博士
   C 他的课堂人不多   D 他不再上课了

73. 人类的很多疾病都是由于肥胖引起的。当人的体重超过一定标准时，就应该改变自己多吃乱吃的饮食习惯，适当地增加运动的时间，从而让自己的身体更健康。

   ★ 关于肥胖，下面哪一句话是对的？

   A 体重太轻   B 不会得病   C 应该少吃   D 应该减少锻炼

74. 快要期末考试了，很多同学去复印店复印准备考试的资料。这些资料有的
是以前的学生留下来的，有的是老师上课时用的课件。听别人说，复习完
这些资料，就可以轻松地通过考试。

　　★ 这些资料：

　　A 全部是老师的课件　　　　　B 对考试有帮助

　　C 就是考试题目　　　　　　　D 是买来的

75. 他大学是学法律的，现在是一名律师。在法律问题上，他常常主动给穷人
提供免费服务，让穷人在法律面前也能赢得尊重。

　　★ 关于他：

　　A 目前还是一名大学生　　　　B 赚穷人的钱

　　C 帮助穷人很热情　　　　　　D 不尊重穷人

76. 他们本来打算今年五月份结婚，可是后来双方父母不同意，他们也就分手
了。实际上，断了关系后，他们还偷偷地联系对方。他们计划想办法让双
方父母慢慢地接受彼此，因为自己的感情还是应该自己做决定。

　　★ 关于他们，下面哪一句是对的？

　　A 真的分手了　　　　　　　　B 五月时结婚了

　　C 家长同意结婚　　　　　　　D 想自己做决定

77. 电动汽车不需要加油，一般情况下只需充满电就可以跑四百公里左右，可
以减少空气污染。但目前，电动汽车的充电站很少，所以购买电动汽车的
人还不多。

　　★ 电动汽车：

　　A 不利于环保　　　　　　　　B 目前充电很方便

　　C 不用加油　　　　　　　　　D 很多人在使用

78. 上个月去爬山，到山上后，发现山上的宾馆和饭馆很少，并且很贵。那几
天完全没有吃饱，最多吃个半饱。睡觉也没睡好，山上太冷了，宾馆里没
有空调，被子也不厚，差点儿冷得感冒了。

　　★ 上个月去爬山怎么样？

　　A 山上的饭菜很不错　　　　　B 山上的宾馆条件不好

　　C 得了感冒　　　　　　　　　D 非常愉快

79. 一个人出门在外，要经常提醒自己遇事要冷静。遇到坏事，要冷静；遇到好事，也要冷静。因为坏事有时可能变成好事，而有些看起来是好事其实是坏事，因为好事来得太容易，就有被骗的可能。

★ 下面哪一句是错的？

A 遇到不好的事要冷静　　　　　B 遇到好事要冷静

C 太容易的好事可能被骗　　　　D 坏事不可能变成好事

80-81.

如果一个国家的气候是海洋性气候，那么这个国家白天和晚上的温度相差不大，冬天的温度和夏天的温度相差也不会太大。四季降水差不多，下雨的天数也较多，但雨都不大，所以全年空气湿润。这种气候的另一个特点是，春天比秋天要冷。最暖和的月份一般是八九月，而最冷的月份是二三月。另外，这些国家离海洋近，每年都可能会遇到台风，受到很大的损失。

★ 海洋性气候：

A 空气干燥　　　B 下雨很大　　　C 下雨很多　　　D 九月比二月冷

★ 海洋性气候的国家怎么样？

A 白天和晚上温度相差较大　　　B 冬天不下雨

C 离海洋较远　　　　　　　　　D 秋天比春天暖和

82-83.

"九"这个数字和"久"的读音相同，于是用来代指"久"的意思，表示时间长，例如"九九同心"表示两个人的爱情长久。同时，"九"也是个位数中最大的数字，年龄大的老人很喜欢这个数字，例如，"九久康泰"是祝一个人永远平安健康。汉语里像这样的数字还有很多，例如"八"和"发"读音差不多，也就表示"赚大钱、有钱"的意思。中国人选择手机号码和车牌号时，都喜欢选"八"这个数字。

★ 关于"九"这个数字，下面哪一句是对的？

A 最小的数字　　　　　　　　　B 指年轻人

C 和"久"是一个读音　　　　　D 指年龄大的人

★ 关于"八"这个数字，下面哪一句是错的？

A 意思是有钱　　　　　　　　　B 手机号里有这个数字最好

C 中国人讨厌这个数字　　　　　D 车牌号里有这个数字最好

84-85.

中国和美国的请客文化有些方面差不多，有些方面不一样。在时间方面，两个国家的人看法是一样的，应该准时，不迟到，否则就是对主人不尊重、不礼貌。但在请客的方式上，两个国家的人就有很大不同了。中国人喜欢邀请客人到家里做客，总是把吃的和喝的都提前准备好，并且还是最好的，还得多准备，吃完后最好还要有剩的。而美国人办聚会，来参加聚会的客人常常自己带一份吃的和喝的，然后大家一起享用。

★ 关于中国人请客，下面哪一句是对的？

A 客人一般会迟到　　　　B 主人只准备吃的

C 客人要带喝的　　　　　D 主人要准备很多食物

★ 关于美国人请客，下面哪一句是对的？

A 主人要准备吃的　　　　B 客人必须准时

C 主人要准备喝的　　　　D 各吃各的

三、书 写

第一部分

第 86-95 题：完成句子。

例如：那座桥　800 年的　历史　有　了

　　　<u>那座桥有 800 年的历史了。　　　</u>

86. 他们　不愿意　都　输　几个人

87. 敲门　听到　有人　正在　我

88. 不是　你　吗　吃葡萄　很喜欢

89. 他　也　不相信　连　朋友的话

90. 你　火车站　还是　要去　机场

91. 举办　乒乓球　今年学校　比赛　不举办

92. 还想　一门　我　再选　专业课

93. 终于　我　把　这个问题　弄清楚了

94. 自行车　昨天　他　撞倒　被　了

95. 动作　你　跳舞的　我的　没有　标准

第二部分

第96-100题：看图、用词造句。

例如：　　　　　　　　乒乓球　　她很喜欢打乒乓球。

96.　　　　　　　　担心

97.　　　　　　　　锻炼

98.　　　　　　　　烦恼

99.　　　　　　　　风景

100.　　　　　　　　鼓励

HSK（四级）全真模拟试卷 ④ 听力材料

（音乐，30秒，渐弱）

大家好！欢迎参加 HSK（四级）考试。
大家好！欢迎参加 HSK（四级）考试。
大家好！欢迎参加 HSK（四级）考试。

HSK（四级）听力考试分三部分，共 45 题。
请大家注意，听力考试现在开始。

第一部分

一共 10 个题，每题听一次。

例如：我打算去成都旅游，不知道你暑假有没有时间。如果有时间，我们可以
一起去旅游吗？

★ 他打算去成都旅游。

我现在很少去教室自习，不是因为我不想去，而是因为最近天气不好，
天天下雨，所以我觉得去教室自习很麻烦。

★ 他现在经常去教室自习。

现在开始第 1 题：

1. 在期末考试中，杰克没有取得好成绩，因此没有获得奖学金。

★ 杰克成绩好，获得了奖学金。

2. 马上就要毕业了，刘刚到处找工作，由于竞争的人太多，他一直找不到合
适的。

★ 刘刚还没有找到工作。

3. 小明在学校附近租了一套房子，租金很贵，不过交通方便。

★ 小明租住的房子离学校不远。

4. 乔治与复印店的老板非常熟，每次去复印材料，老板都给他打折。

★ 复印店的老板从来不给乔治打折。

5. 张方乘坐出租车去机场的时候，发现司机竟然是他的小学同学，他们 20 年没有见面了。

   ★ 张方的小学同学在开出租车。

6. 露西在今年的"汉语桥"比赛中表现非常不错，让老师和同学们感到既吃惊又骄傲。

   ★ 露西是个骄傲的女孩儿。

7. 去中国读大学时，我爱上了中国菜。回到英国后，我开了一家中餐饭馆，现在生意好得不得了！

   ★ 中国菜在英国很受欢迎。

8. 玛丽和艾娃是两姐妹，可是一个喜欢运动，一个喜欢阅读，爱好完全不同。

   ★ 姐姐和妹妹爱好不一样。

9. 上次我误会了女朋友，结果她一直生气，怎么也不肯原谅我。

   ★ 女朋友原谅他了。

10. 这几天我发现安德经常待在房间里不出来，让人觉得很不正常，原来是在给母亲准备生日礼物啊！

    ★ 安德有点儿不正常。

第二部分

一共 15 个题，每题听一次。

例如：女：快点儿走吧，马上要上课了！

　　　男：没关系的，现在是两点半上课，还有半个小时呢！

　　　问：现在是什么时候？

现在开始第 11 题：

11. 男：晚会上表演弹钢琴的那位漂亮姑娘是谁呀？

　　女：我可告诉你呀，她是有男朋友的。

　　问：女的是什么意思？

12. 女：我想报名参加 5 月份的唱歌比赛，请问我应该怎么办？

男：这是报名表格，把自己的情况填写完整，4月20号的时候我们会打电话通知你。

问：女的现在应该怎么做？

13. 男：听说你们这里招聘售货员，我想试试。

女：我们确实需要售货员，不过我们三天前就已经招到了。

问：女的是什么意思？

14. 女：周末我们是陪孩子参观博物馆还是陪他去动物园玩儿呢？

男：我觉得都行。

问：男的是什么意思？

15. 男：你好！李先生需要传真一份材料给您，请告知一下传真号码。

女：太麻烦了！你用手机拍照以后，发送到我的电子邮箱就行了。

问：下面哪句话是对的？

16. 女：爸爸，我做的饭菜怎么样？还行吧！

男：米饭不错，菜做得马马虎虎，上次的太辣，这次的太咸！

问：女的做菜怎么样？

17. 男：从地图上看，我们两家离得不远。

女：是啊，从地图上看，中国和美国离得也不远呢！

问：女的是什么意思？

18. 女：中午的时候请不要开着窗户唱歌，我们在楼下都听得很清楚呢。

男：哦，实在抱歉，打扰您中午休息了。

问：关于男的，下面哪句话是错的？

19. 男：不要拿弟弟的玩具，他还小，不懂得分享，你应该让着他！

女：我也是你的孩子，也还小呢。每次爷爷送我去上学，阿姨都说小朋友来了。

问：他们是什么关系？

20. 女：事情你调查清楚了吗？结果怎么样？

男：早着呢！我们需要一个汉语翻译来帮忙。

问：男的是什么意思？

21. 男：看你一脸不高兴的样子，谁让你生这么大的气呀？

　　女：没有谁，是我自己。这次申请奖学金去中国学习汉语又没成功！

　　问：女的怎么了？

22. 女：我觉得这道菜有点儿不新鲜，你们给我重新做一个。

　　男：重新做当然是可以的，不过要再付钱。

　　问：他们在哪里？

23. 男：既然我们已经是朋友了，你有任何烦恼都可以告诉我，我愿意帮你。

　　女：我的烦恼是为什么你结婚了。

　　问：女的是什么意思？

24. 女：不是说好五点半在电影院门口见面吗？这都几点了，你看看。

　　男：正堵车呢，你都等了半个小时了，再等几分钟又怎么样呢？

　　问：下面哪句话是错的？

25. 男：这次汉语考试我考了60分，刚好及格，真是太好了。

　　女：60分就把你高兴成这样！人家安德的分数比你高了20分呢。

　　问：安德考了多少分？

第三部分

一共20个题，每题听一次。

例如：男：玛丽，你去哪里啊？

　　　女：去开会啊，不是说今天下午三点钟在留学生办公室开会吗？你还
　　　　　不去？

　　　男：是吗？我怎么不知道啊！没有人告诉我。

　　　女：现在我不是告诉你了吗？快点儿准备准备，我们一起去吧！

　　　男：太谢谢你了，幸亏遇到你了。

　　　问：今天在哪里开会？

现在开始第26题：

26. 女：星期二考试的范围和内容我都告诉你们了，还有问题吗？

　　男：老师，能不能星期五再考试呀？我这几天发烧，没有好好复习。

女：考试的时间是不能随便改变的。如果你不舒服，老师可以带你去医院看病。

男：那还是算了吧。

问：什么时候考试？

27. 男：请问是 508 房间吗？有位先生找您！

女：他是不是长得高高的，穿着西装，戴着眼镜，手里拿着鲜花？

男：不是的。他胖胖的、矮矮的，穿的不是西装，也没戴眼镜。不过他手里确实拿着一束鲜花。

女：那你肯定弄错了，不是找我的。

男：错不了！他是花店的员工，有人让他给您送花呢！

问：下面哪句话是对的？

28. 女：周末你不加班吧？那陪我去商场购物吧。

男：周末约了客户谈生意，没有时间，真是对不起。要不下次我带你去世界城，你想买什么就买什么。

女：这话我都听烦了，每次都这么说。你可以找个别的理由吗？

男：那好吧！我马上打电话取消这个安排，好好陪你。

女：这还差不多！

问：周末他们去做什么？

29. 男：莉莉，我发现你对这里的天气、环境都挺适应的呀。你在这儿待了很久了吗？

女：那倒不是。从小妈妈就带我去各种地方旅游，因此我很快就能习惯不同地方的饮食、气候和文化。

男：要是班里别的留学生都像你一样就好了。

女：慢慢来，他们过一段时间就会适应了。

问：莉莉怎么样？

30. 女：格林，去中国参加"汉语桥"比赛这么好的机会，听说你打算放弃了？

男：是的，我有这个想法，但是还没有确定。

女：比赛在暑假进行，你没有课，为什么不能参加呢？

男：老师帮我联系了一家医院，让我暑假去实习。如果我突然改变主意，以后他不会再信任我了。

女：放心吧，我来跟老师说参加完比赛再去实习。

问：格林暑假最有可能先干什么？

31. 男：最近天气变化大，你要多加注意，平时多穿几件衣服。

女：好啦，好啦，谢谢关心。虽然最近阴天多，晴天少，不过天气温度高，穿两件就够了。

男：我坐明天下午的飞机回去，回去了带你去饭馆吃顿好吃的。

女：真的呀？太好了，我想去吃火锅！

男：那可不行，你妈知道了会批评的！

问：下面哪句话是错的？

32. 女：哇，真是太棒了，你看观众都在鼓掌！

男：你看不出来吗？观众都是故意鼓掌的。

女：你说这话是什么意思？

男：这个节目太无聊了，一点儿都不精彩，观众都希望节目快点儿结束。

女：我可不同意你的看法。这个节目演出得非常成功，尤其是……

男：快别说了，全世界都知道那是你儿子。

问：女的为什么喜欢这个节目？

33. 男：老板，最近我妻子生孩子了，我想请您考虑一下我的工资问题。

女：这个问题我们还要研究一下。

男：有了孩子，家里花钱的地方多，我需要您提高工资，增加我的收入。

女：你不愿意加班，也不愿意出差，害怕辛苦，还想增加工资，你认为可能吗？

男：如果您拒绝我的要求，我就马上辞职离开。

女：随便！

问：老板为什么不给男的提高工资？

34. 女：这次安排员工去美国学习，你认为公司里哪位最合适？

男：我建议让刘明去。

女：经理对这件事可是特别重视的，你确定吗？

男：当然。刘明人聪明，工作能力强，而且不偷懒。最主要的是他现在还是一个人，没有家庭问题。

女：那就这么定了，我马上给经理打电话！

问：关于刘明，下面哪句话是对的？

35. 男：喂，都 11 点了，我买的东西怎么还没有送到呀？

女：先生您好！之前跟您打过电话，今天下午 4 点钟给您送来，请您稍等。

男：下午 4 点钟？哦，我听错了，我以为你说的是 10 点钟呢。

女：太抱歉了，我普通话不好，让您误会了。

问：现在几点了？

第 36 到 37 题是根据下面一段话：

猴年春节我没有回家过年，这是我第三次没有回家过春节了。本来答应父母一定会回去的，谁知公司年底事情多，为了工作，只好选择春节加班。虽然我很想念父母，但却害怕回家过春节。亲朋好友见面，总是关心我结婚了没有，关心我的工资增加了没有，关心我买房买车没有。这些问题我都不知道怎么回答，实在是太没面子了。

36. 猴年春节她为什么没有回家？

37. 她为什么害怕回家过春节？

第 38 到 39 题是根据下面一段话：

自从去年暑假我教会爸爸妈妈怎么在网上购物，他们的感情发生了很大的变化。妈妈经常用手机上网，看到适合爸爸穿的衣服、鞋子，就和爸爸商量，根据他的喜好、尺寸买下来；而爸爸下班回家，用电脑上网时，看到妈妈喜欢吃的零食、水果，也会主动跟妈妈交流，按照妈妈的要求买下来。以前他俩总是爱吵架，现在可好了，散步、逛街、看电影都一块儿，开心着呢。

38. 爸爸妈妈以前感情怎么样？

39. 根据对话，可以知道什么？

第 40 到 41 题是根据下面一段话：

每个人都有理想，而且随着时间的变化，理想也会发生变化。小时候，我的理想是做一个超市售货员，以为想吃什么就可以拿。后来，我的理想是当一名认真负责的警察，抓小偷抓坏人，保护世界和平。读大学的时候，羡慕别人当翻译，以为当上翻译，就可以去不同的国家工作、旅游。现在，我的理想还在变，不过我最想当一名汉语老师，这样不仅可以传播汉语，还可以认识世界各地的留学生，了解他们国家的文化呢。

40. 读大学的时候，他的理想是成为什么？

41. 根据这段话，下面哪句话是对的？

第 42 到 43 题是根据下面一段话：

在中国，1980 年至 1989 年出生的年轻人被称为"80 后"，他们大部分是独生子女。比起"70 后"，他们看起来很幸运，因为是父母唯一的孩子，可以享受父母全部的爱。但实际上，他们压力很大。他们大学毕业后，工作不好找；谈恋爱的，因为买不起房子，大部分不敢结婚生孩子；最麻烦的是，两个"80 后"结婚，往往要对 4 个老人负责。所以他们常常说自己"压力山大"。

42. 什么时候出生的年轻人是"70 后"？

43. 关于"80 后"，下面哪句话是错的？

第 44 到 45 题是根据下面一段话：

一天夜里，小偷跑进了李老板的家里，偷了许多东西，有笔记本电脑、数码照相机、高级手表、手机、名贵烟酒，还有许多钱。三天后，警察抓住了小偷，并给李老板打电话，让他去警察局取走被偷的东西。李老板挂了电话后，立刻赶到警察局，要求非与小偷见面不可。李老板解释说，他想问问小偷，是怎么顺利进入他家却没有把他的妻子吵醒的。

44. 小偷偷走了哪些东西？

45. 李老板为什么要见小偷？

听力考试现在结束。

HSK（四级）全真模拟试卷 ④ 答案

一、听 力

第一部分

1. ×   2. ✓   3. ✓   4. ×   5. ✓
6. ×   7. ✓   8. ✓   9. ×   10. ×

第二部分

11. A   12. B   13. A   14. D   15. D
16. C   17. A   18. B   19. A   20. C
21. A   22. B   23. B   24. D   25. A

第三部分

26. C   27. A   28. C   29. A   30. C
31. B   32. C   33. B   34. B   35. A
36. C   37. D   38. A   39. A   40. D
41. C   42. C   43. D   44. A   45. C

二、阅 读

第一部分

46. C   47. F   48. E   49. B   50. A
51. F   52. D   53. B   54. A   55. E

第二部分

56. BAC   57. ACB   58. BCA   59. CBA   60. ACB
61. CBA   62. ACB   63. ABC   64. CAB   65. CBA

第三部分

66. C   67. D   68. A   69. D   70. A
71. A   72. A   73. C   74. B   75. C
76. D   77. C   78. B   79. D   80. C
81. D   82. C   83. C   84. D   85. B

三、书 写

第一部分

86. 他们几个人都不愿意输。

87. 我听到有人正在敲门。

88. 你不是很喜欢吃葡萄吗？

89. 他连朋友的话也不相信。

90. 你要去机场还是火车站？ / 你要去火车站还是机场？

91. 今年学校举办不举办乒乓球比赛？

92. 我还想再选一门专业课。

93. 我终于把这个问题弄清楚了。

94. 昨天他被自行车撞倒了。 / 他昨天被自行车撞倒了。

95. 你跳舞的动作没有我的标准。

第二部分
（参考答案）

96. 妈妈很担心孩子的健康。

97. 她经常去锻炼身体。

98. 这几天他很烦恼。

99. 这里的风景很美。

100. 爸爸妈妈在鼓励孩子。

汉 语 水 平 考 试

HSK（四级）全真模拟
试卷 ⑤

注　　意

一、HSK（四级）分三部分：

　　1. 听力（45 题，约 30 分钟）

　　2. 阅读（40 题，40 分钟）

　　3. 书写（15 题，25 分钟）

二、听力结束后，有 5 分钟填写答题卡。

三、全部考试约 105 分钟（含考生填写个人信息时间 5 分钟）。

一、听 力

第一部分

第1-10题：判断对错。

例如：我打算去成都旅游，不知道你暑假有没有时间。如果有时间，我们可以
一起去旅游吗？

     ★ 他打算去成都旅游。   (✓)

    我现在很少去教室自习，不是因为我不想去，而是因为最近天气不好，
天天下雨，所以我觉得去教室自习很麻烦。

     ★ 他现在经常去教室自习。   (×)

1. ★ 李明没有什么特别的爱好。   ( )

2. ★ 晓红是个个子很高的姑娘。   ( )

3. ★ 安德的女朋友可能是他在中国认识的。   ( )

4. ★ 苏珊的病早就好了。   ( )

5. ★ 梅梅坐上飞机了。   ( )

6. ★ 李明通过了 HSK 四级考试。   ( )

7. ★ 妈妈是最近才学会使用微信的。   ( )

8. ★ 姐姐的双胞胎儿子很容易区别。   ( )

9. ★ 怀特下了火车并没有直接回家去。   ( )

10. ★ 保罗三年前就已经博士毕业了。   ( )

第二部分

第 11-25 题：请选出正确答案。

例如：女：快点儿走吧，马上要上课了！

男：没关系的，现在是两点半上课，还有半个小时呢！

问：现在是什么时候呢？

A 两点半　　　　B 上课了　　　　C 两点 ✓　　　　D 不知道

11. A 安娜的闹钟慢了　　　　　　B 安娜经常迟到
    C 安娜明天不会迟到　　　　　D 安娜不喜欢她的闹钟

12. A 做练习的笔记本　　　　　　B 电脑太贵了
    C 一种电脑　　　　　　　　　D 笔记本太贵了

13. A 男的需要再付裤子的钱　　　B 女的不想卖那条裤子
    C 男的没有付任何钱　　　　　D 女的不想按照男的说的去做

14. A 女的身材还是十八岁时的样子　B 女的减肥成功了
    C 女的一年前就已经变漂亮了　　D 他觉得女的只是说说而已

15. A 女的的儿子外语很棒　　　　B 女的的儿子不想去
    C 外语不好，不能去使馆工作　D 女的的儿子一定能考上

16. A 在长江大桥上　　　　　　　B 在公交车上
    C 在出租车里　　　　　　　　D 在火车上

17. A 男的累病了　　　　　　　　B 男的是乘坐电梯上来的
    C 女的不相信男的是走上来的　D 女的住在八楼

18. **A** 被妈妈吃了   **B** 在妈妈的肚子里

       C 被格林吃了   **D** 格林和妈妈都不知道

19. **A** 观众们都喜欢喝果汁   **B** 电影果然很精彩

       C 她后来也睡着了   **D** 昨晚的电影不好看

20. **A** 他不想去英国了   **B** 去英国没意思

       C 去英国的签证出了问题   **D** 他不喜欢女的说这些话

21. **A** 玛丽给的电话号码是错的   **B** 玛丽给的电话号码打通了

       C 玛丽给的是 QQ 号码   **D** 玛丽不知道男的在说什么

22. **A** 她是杰克的女朋友   **B** 她长得十分难看

       C 杰克很讨厌她   **D** 她是杰克的亲戚

23. **A** 女的不高兴   **B** 莉莉不高兴

       C 女的觉得男的不能这么说   **D** 莉莉的皮肤也很好

24. **A** 男的成绩很好   **B** 考试的题目太简单了

       C 男的考得还不错   **D** 考试的题目男的不会做

25. **A** 这里的生活玛丽还不太适应   **B** 玛丽能吃辣的，不能吃酸的

       C 玛丽已经习惯这里的口味了   **D** 玛丽不能吃辣的，但可以吃酸的

第 三 部 分

第 26-45 题：请选出正确答案。

例如：男：玛丽，你去哪里啊？

女：去开会啊，不是说今天下午三点钟在留学生办公室开会吗？你还

不去？

男：是吗？我怎么不知道啊！没有人告诉我。

女：现在我不是告诉你了吗？快点儿准备准备，我们一起去吧！

男：太谢谢你了，幸亏遇到你了。

问：今天在哪里开会？

A 在留学生办公室 ✓   B 在教室

C 在图书馆   D 在玛丽的宿舍

26. A 麦克每天都戴着女的送的帽子

B 大家都用手机上网看书，麦克却不喜欢

C 麦克有一部手机

D 麦克的生日在昨天

27. A 丈夫和妻子   B 父亲和女儿   C 老师和学生   D 医生和护士

28. A 他很爱学习汉语   B 他讨厌旅游

C 他没有时间   D 他缺钱

29. A 女的在减肥   B 女的喜欢安德

C 女的非常瘦   D 女的不想减肥

30. A 她觉得男的标准很高   B 她觉得自己符合男的说的标准

C 她觉得男的标准很奇怪   D 她认为男的很好笑

31. **A** 小明在做梦 　　　　　　　　**B** 小明参加足球比赛去了

　　 C 小明可能记错了 　　　　　　**D** 小明去上学去了

32. **A** 男的答应了去扔垃圾

　　 B 男的还是没把垃圾扔进垃圾桶里

　　 C 男的很爱干净

　　 D 男的找不到垃圾筒在哪里

33. **A** 游泳 　　　　**B** 打太极拳 　　　　**C** 爬山 　　　　**D** 跑步

34. **A** 梅梅是个好姑娘 　　　　　　**B** 女的认为全都是梅梅的错

　　 C 梅梅很爱干净 　　　　　　　**D** 李刚准备参加汉语水平考试

35. **A** 飞机速度快，但是不安全 　　　**B** 汽车很安全，但是速度慢

　　 C 飞机会不小心掉下来 　　　　　**D** 飞机速度快，而且安全

36. **A** 她获得了跑步比赛第一名 　　　**B** 她的羽毛球打得比莉莉好

　　 C 她让体育老师感到惊讶 　　　　**D** 她又获得了第一名

37. **A** 1500 天 　　　 **B** 5 年 　　　　**C** 刚好一年半 　　 **D** 不到一年半

38. **A** 25 天 　　　　 **B** 3 天 　　　　 **C** 4 天 　　　　 **D** 6 天

39. **A** 31 个 　　　　 **B** 25 个 　　　　 **C** 26 个 　　　　 **D** 56 个

40. **A** 他的健康 　　 **B** 他的妻子 　　 **C** 他的水果 　　 **D** 一个人太孤单

41. **A** 在国外 　　　 **B** 在垃圾桶里 　 **C** 在超市里 　　 **D** 在售货员那里

42. **A** 小红工作很轻松 　　　　　　 **B** 小红上班时间短

　　 C 小红从来不加班 　　　　　　 **D** 小红收入高

43. **A** 工作非常轻松　　　　　　**B** 每天工作 12 小时

　　C 周末要出差　　　　　　　**D** 加班时间多

44. **A** 跑步　　　　**B** 骑自行车　　　　**C** 走路　　　　**D** 坐公交车

45. **A** 乔治不喜欢吃中国菜　　　　**B** 乔治住在说话人的家里

　　C 乔治的汉语交流能力强　　　**D** 乔治做的面不好吃

二、阅 读

第一部分

第46-50题：选词填空。

        A 乱   **B** 合适   **C** 抱歉   **D** 坚持   **E** 几乎   **F** 兴趣

例如：她每天都（ D ）走路上下班，所以身体一直很不错。

46. 这个台灯的灯光不是很亮，也不是很暗，晚上看书很（   ）。

47. 今天让你干这种重活，累着你了，我感到非常（   ）。

48. 每周一上班时，路上堵车特别严重，开车（   ）走不动，还不如骑自行车快。

49. 感冒咳嗽不止时，不能（   ）吃药，应该去医院看病，按照医生的要求吃药。

50. 中国文化课上，老师教大家包饺子，课后大家表示对这一活动很感（   ）。

第 51-55 题：选词填空。

A 吸引　　　B 顺便　　　C 温度　　　D 奖金　　　E 通过　　　F 一直

例如：A：今天真冷啊，好像白天最高（ C ）才 2℃。

B：刚才电视里说明天更冷。

51. A：你回家取个东西怎么这么慢啊？

B：这不是我的问题。从昨天下午到现在，我们楼的两部电梯（　　　）是坏的。我是爬上七楼的。

52. A：你今年刚参加工作，每个月的工资没多少吧？

B：我的工资不高。不过老板告诉我们，每个月会根据工作情况发放（　　　）。

53. A：那家饭馆的人好多啊，可是我觉得他们家的饭菜很一般啊。

B：他们家的饭菜确实很一般，但他们提供 WiFi，去那儿吃饭的人可以免费上网，所以才（　　　）了那么多人。

54. A：这些村子的年轻人都出去赚钱了，家里留下的都是老人和孩子。

B：是啊。如果想留住年轻人，就必须让他们在家就能赚到钱。我认为（　　　）发展农村旅游，可以解决这一问题。

55. A：这个周末天气不好，又要在宿舍待着了，真无聊。

B：你可以上这个网站看一些好玩的电影，（　　　）还能学习一下汉语呢。

第 二 部 分

第 56-65 题：排列顺序。

例如：**A** 可是今天起晚了

　　　B 平时我骑自行车上下班

　　　C 所以就打车来公司　　　　　　　　　　　　B A C

56. **A** 世界虽大

　　B 都不会与家人失去联系

　　C 但只要有网络，无论你在何处　　　　　　　_____

57. **A** 幸福不在于你是谁或者你有什么

　　B 请记住

　　C 而是由你对生活的态度决定的　　　　　　　_____

58. **A** 运动员最好做一些赛前准备

　　B 否则，比赛过程中容易受伤

　　C 比赛前　　　　　　　　　　　　　　　　　_____

59. **A** 这部电影刚开始时

　　B 观众很少

　　C 后来才逐渐多了起来　　　　　　　　　　　_____

60. A 高铁上禁止抽烟

   B 大家就应该遵守这个规定

   C 既然有了这样的规定　　　　　　　　　　　_____

61. A 也没有什么意思了

   B 她觉得和男朋友之间已经没有感情

   C 再继续下去　　　　　　　　　　　　　　　_____

62. A 去年高考前

   B 结果他竟然考上了国内重点大学

   C 老师和父母本来都对他没有信心　　　　　_____

63. A 尽管家里已经有一套房子了

   B 可是还要再为孩子准备一套

   C 中国人买房的原因很奇怪　　　　　　　　_____

64. A 尤其过年过节时

   B 中国人喜欢送礼

   C 这种情况就更加常见　　　　　　　　　　_____

65. A 例如前两次开会

   B 他都迟到了一个小时

   C 他总是不准时　　　　　　　　　　　　　_____

第 三 部 分

第66-85题：请选出正确答案。

例如：她很活泼，说话很有趣，总能给我们带来快乐，我们都很喜欢和她在
     一起。

　　　★ 她是个什么样的人？

　　A 幽默 ✓　　　　B 马虎　　　　C 骄傲　　　　D 害羞

66. 上次去理发店理发，理发师把我的头发理得太短了。那样看起来，我的脸
    就变得很大。因此，那段时间我只要出门，都非戴着帽子不可。

　　　★ 关于上次理发，下面哪一句话是对的？

　　A 头发长短合适　　　　　　B "我"的脸真的变大了
　　C "我"喜欢戴帽子　　　　　D 理发师水平不行

67. 为了能考上大学，高中生们几乎每天都在准备高考，没日没夜地学习。等
    考上大学后，你就发现身边的同学差不多都戴着眼镜，去听课、吃饭或者
    约会等都离不开眼镜了。

　　　★ 关于戴眼镜的大学生，下面哪一句话是对的？

　　A 高中时看电视太多　　　　B 去上课可以不戴
　　C 高中时保护眼睛　　　　　D 戴眼镜的大学生很常见

68. 减肥最好的办法就是多运动，例如跑步、打球、爬山、游泳等。其中游泳
    是最有用的一种锻炼方法。游泳时，既可以锻炼胳膊和腿，还可以锻炼人
    的心肺功能。水的温度一般较低，人在水里，热量减少得就快，减肥也就
    有效果了。

　　　★ 游泳：

　　A 能帮助减肥　　　　　　　B 对减肥没有效果
　　C 只能锻炼胳膊和腿　　　　D 没有跑步减肥好

69. 男孩子喜欢什么样的女孩子，每个人不一样，有的喜欢个子高的，有的喜
    欢个子矮但可爱的，而有的喜欢皮肤好的。更加有意思的是，有的只喜欢

头发长的女生，而不喜欢短发的。什么样是长得好看的，不同的人有不同的看法。

★ 关于男生喜欢什么样的女生，下列说法正确的是：

A 都喜欢个子高的   B 个子越高越好

C 不同的人喜欢不一样的   D 头发长短不重要

70. 过去的事情不能改变，将来的事情还不可知，只有现在的事情才是最关键的。机会在每个人面前是一样的，错过了就不会再来。所以要想决定自己的将来，就不要错过它。抓住它，并为它努力，那么你离成功就不远了。

★ 这段话告诉我们：

A 每个人都有可能得到机会   B 将来的事情可以预测

C 有了机会就能成功   D 过去的事最重要

71. 现在，"低头族"这个词很流行，尤其是在大学里。学生走路时、吃饭时、上厕所时，甚至刷牙时都在看手机，或者在用手机发消息。走路时低头看手机很危险，容易摔倒。医生说，长时间低头对人的身体也不好，会引起背部疼痛。

★ "低头族"：

A 大学里有很多   B 用手机很危险

C 身体不好   D 用手机背部会疼

72. "农家乐"是一种新的旅游形式，是人们在农村为城市人准备的一种接近大自然的生活方式。农家乐周围的风景一般都很美，空气也很新鲜。另外，农民还会用自己种的水果和蔬菜来招待游客，让游客吃得放心。

★ 关于"农家乐"，下列说法正确的是：

A 一般在城市里   B 空气很好

C 吃的不好   D 吃的是从外面买的

73. 最新报道，这次撞车事件的责任在白色汽车，而不是黑色汽车。警察经过调查发现，白色汽车故意撞了前方的黑色汽车，而不是黑色汽车变道超车。

★ 关于这次撞车，下面哪一句话是错的？

A 黑色汽车撞白色汽车   B 白色汽车应该负责

C 警察调查了这次事件   D 黑色汽车没有超车

74. 早晚刷牙要注意方法，否则就等于白刷，还浪费牙膏。科学的方法是上下刷，而不是左右刷。左右刷不仅刷不干净，还会破坏牙齿周围的组织，时间久了，就会出血。

★ 刷牙：

A 浪费牙膏　　　**B** 应该上下刷　　**C** 应该左右刷　　**D** 会出血

75. 通常我们说"酸甜苦辣咸"是生活中的五种味道，缺少了哪一种味道，生活都不完整。只有尝遍了这五种味道，你才算真正经历过了风雨，你的生活经验才算丰富，你在面对任何事情的时候才会成熟冷静。不过，科学研究表明，"辣"其实不是一种味道，而是会让人产生痛觉。

★ 生活中的"酸甜苦辣咸"：

A 代表饭菜的味道　　　　　　**B** 缺一种也代表生活

C 用不着都去尝试　　　　　　**D** 尝遍后才会变得成熟冷静

76. 这个大学生帮助农村孩子上学的事感动了许多人。他利用周末和假期去工作赚钱，辛辛苦苦挣来的钱全部寄给了三个农村学生，帮他们交学费。而他从来没有告诉过这三位学生自己的真实姓名和职业。

★ 这个大学生：

A 很多人都知道他的事　　　　**B** 自己很有钱

C 帮助过的学生知道他的姓名　　**D** 挣钱很容易

77. 我跟朋友经常去 KTV 唱歌，每次玩儿得都很高兴。其实，大家唱歌的水平都很一般，甚至有些人唱得很难听，只是在 KTV 里大声地喊，一点儿也不好听。可是，唱完后还是觉得全身很轻松。把压力全部放下后，一个性格内向的人也会变成一个活泼的人。

★ 去 KTV 唱歌怎么样？

A 大家唱得很好听　　　　　　**B** 唱完后会有压力

C 唱完后感觉很轻松　　　　　**D** 唱歌会让活泼的人变成内向的人

78. 王哥是我的同事，他是一个幽默的人。午饭时间总能听到他讲的笑话，每天的笑话都不同。其实他父母年龄大了，活动不方便，爱人在家照顾老人，也没有正式工作，家里经济条件并不好，但他仍然很乐观。

★ 王哥：

A 爱讲同样的笑话	B 爱人的工作不错
C 父母身体不错	D 家里并不富有

79. 到 2015 年末为止，中国约有 13.74 亿人口，其中男性约 7.04 亿，女性约 6.70 亿。城镇人口大约占总人口 56%，超过了农村人口。60 岁以上的老人占了 16%，这远远高于联合国的一般标准——10%。

★ 关于中国人口，下面哪一句话是对的？

A 女性比男性多 3400 万

B 农村人口比城镇人口多

C 60 岁以上的老年人数量处于正常水平

D 一半以上的人口是城镇人口

80-81.

这是一个关于阅读习惯的问卷调查，一共有五十道选择题，一道填空题。大家只需根据自己的实际情况做出选择，选出你认为最合适的答案。你不需要填写自己的姓名，只需要写上年龄和性别就行。这次问卷调查的目的是想在我们小区建设一个小型图书馆，是为买书做准备的。另外，请大家放心，我们不会公开你们的问卷，会为大家保密。如果你有特别喜欢的书，可以写在最后的填空题上，我们会尽可能满足大家的要求。

★ 这个问卷调查：

A 只有选择题	B 会调查年龄和性别
C 是关于卖书的	D 可随便填写

★ 根据这段话，下面哪一句是错的？

A 图书馆已经开始建设了	B 图书馆的书还没买
C 调查结果不会告诉大家	D 想看的书可写下书名

82-83.

旅行就是一场在路上的生活，想去近处还是远方，想快还是想慢，完全由自己说了算。走得慢也好，可以欣赏路边的风景，认识更多的朋友，但不要过多地留恋；走得快也好，可以走遍千山万水，积累更多的人生经验，但不要失去方向。无论去的地方好与坏，总能满足你对未知风景的好奇心；无论快与慢，总能让自己的心情放松。

★ 关于旅行，下列说法正确的是：

A 自己决定去哪儿   B 最好慢一些

C 最好快一些   D 总是去好地方

★ 根据这段话，下面哪一句是对的？

A 走得慢但不要失去方向   B 走得快但不要过多留恋

C 旅行让心情放松   D 旅行让人疲惫

84-85.

　　下面给大家介绍一个"开火车"的游戏。在开始玩游戏之前，每个人先说出一个城市的名字，代表自己，并且不能使用跟别人一样的城市名。例如，你来自上海，而另一个人从北京来，游戏开始后，你就要说："开火车啦，上海的火车就要开了。"大家一起问："往哪儿开啊？"你说："往北京开。"然后代表北京的人就要及时接着说："北京的火车就要开了。"然后大家再一起问："往哪儿开啊？"然后代表北京的人再选择另外一个地方。如果代表这个地方的人没有及时回答出来，就输了。如果参加游戏的人多的话，会很有趣，可以加深人与人之间的感情；如果人少的话，就会很无聊。

★ "开火车"游戏：

A 不能用自己的名字   B 很无聊

C 很有趣   D 没有输赢

★ 根据这段话，下面哪一句是错的？

A 这个游戏要用到不同城市名   B 两个人可选择同一个城市

C 这个游戏接话时要很快   D 这个游戏人多才好玩

三、书写

第一部分

第 86-95 题：完成句子。

例如：那座桥　800 年的　历史　有　了
　　　<u>那座桥有 800 年的历史了。</u>

86. 这种聚会　比穿运动衫　更　穿衬衫　正式

87. 精彩　今年的　一样　表演　跟以前的

88. 是　来　他　大使馆　找工作的

89. 一起　我们　散步吧　公园　去

90. 桌子上　很多　厨房的　放着　做好的菜

91. 这家宾馆的　一个　南面　水果市场　有

92. 管理　那个　这个组织的　没有　严格

93. 边听　写作业　音乐　边　他

94. 是　这趟航班　飞往　从北京　武汉　的

95. 价格　是　一公斤　这种白菜的　四元五角

第二部分

第96-100题：看图、用词造句。

例如：　　　　　　　　　　乒乓球　　她很喜欢打乒乓球。

96. 　　害羞　　97. 　　加油

98. 　　检查　　99. 　　拒绝

100. 　　浪漫

HSK（四级）全真模拟试卷 ⑤ 听力材料

（音乐，30秒，渐弱）

大家好！欢迎参加 HSK（四级）考试。
大家好！欢迎参加 HSK（四级）考试。
大家好！欢迎参加 HSK（四级）考试。

HSK（四级）听力考试分三部分，共45题。
请大家注意，听力考试现在开始。

第一部分

一共10个题，每题听一次。

例如：我打算去成都旅游，不知道你暑假有没有时间。如果有时间，我们可以
　　一起去旅游吗？
　　　　★ 他打算去成都旅游。

　　我现在很少去教室自习，不是因为我不想去，而是因为最近天气不好，
天天下雨，所以我觉得去教室自习很麻烦。
　　　　★ 他现在经常去教室自习。

现在开始第1题：

1. 李明爱好很多，尤其喜欢下中国象棋。
　　★ 李明没有什么特别的爱好。

2. 晓红眼睛大大的，头发长长的，是个漂亮的姑娘，就是矮了点儿。
　　★ 晓红是个个子很高的姑娘。

3. 安德这个小伙子在中国生活了五年，获得了一份美好的爱情，正准备回国
结婚呢。
　　★ 安德的女朋友可能是他在中国认识的。

4. 苏珊感冒了，但没有按时吃药，结果越来越严重了。
　　★ 苏珊的病早就好了。

5. 到了机场，梅梅才发现自己把身份证、护照忘在酒店了，结果错过了航班。

   ★ 梅梅坐上飞机了。

6. 冰冰说这次她能顺利通过 HSK 四级考试，要感谢李明的帮助。

   ★ 李明通过了 HSK 四级考试。

7. 最近家里又换了新冰箱、新空调，而且妈妈都会使用微信跟我聊天儿了，变化太快了呀！

   ★ 妈妈是最近才学会使用微信的。

8. 姐姐生的双胞胎儿子长得非常像，要认真比较，才知道谁是哥哥，谁是弟弟。

   ★ 姐姐的双胞胎儿子很容易区别。

9. 怀特说他下火车的时候已经是晚上 12 点了，所以只好住在宾馆里，第二天才回家去的。

   ★ 怀特下了火车并没有直接回家去。

10. 三年前，保罗告诉我他马上就要博士毕业了。谁知道今天遇到他，他仍然说他就要博士毕业了。

    ★ 保罗三年前就已经博士毕业了。

第二部分

一共 15 个题，每题听一次。

例如：女：快点儿走吧，马上要上课了！

　　　男：没关系的，现在是两点半上课，还有半个小时呢！

　　　问：现在是什么时候？

现在开始第 11 题：

11. 男：安娜，今天你为什么又迟到了呀？

　　女：呃，嗯，都怪我的闹钟，它又坏了。

　　问：下面哪句话是对的？

12. 女：什么？你买个笔记本花了 4500 块？
　　男：哎呀，妈妈，是笔记本电脑！
　　问：他们在谈什么？

13. 男：售货员，请你把这件衣服和那条裤子给我包起来，我都要了。
　　女：对不起，您付的钱并没有包括裤子的钱。
　　问：女的是什么意思？

14. 女：从今天起，我决定减肥，让身材重新变成十八岁时的样子。
　　男：您说这话都说了一年多了。
　　问：男的是什么意思？

15. 男：听说了没有？大使馆在招聘工作人员呢，你儿子不去试试？
　　女：他外语不行，去了也是白去。
　　问：下面哪句话对？

16. 女：我要去长江大桥，请问在哪里下呀？
　　男：哎呀，你怎么不早说？过去好几站了呢。
　　问：他们可能在哪里？

17. 男：哎呀，来一趟你家真是把我累死了！
　　女：什么？你是走上来的？不是明明可以乘坐电梯上八楼嘛！
　　问：下面哪句话是对的？

18. 女：格林，你看到我早上买的草莓饼干了吗？
　　男：哦，妈妈，我看见了呀！它们全在我的肚子里呢。
　　问：草莓饼干哪儿去了？

19. 男：喂，露西，昨晚你们看的电影是不是特别的精彩？
　　女：哦，除了我在喝果汁，观众全都睡着了。
　　问：女的是什么意思？

20. 女：你不是早就应该出发去英国了吗？怎么还在这儿？
　　男：别提了，签证没有办下来。
　　问：男的是什么意思？

21. 男：喂，玛丽，为什么你给我的电话号码打不通呀？

　　女：什么电话号码呀！那是QQ号码！

　　问：下面哪句话是对的？

22. 女：杰克，昨天跟你一起的女孩儿挺漂亮的，是你女朋友吧？

　　男：别这么说，她是我的亲戚。

　　问：关于女孩儿，下面哪句话是对的？

23. 男：你的皮肤怎么这么好？莉莉的可不能跟你比！

　　女：你妻子要是知道你这么说，会高兴吗？

　　问：女的是什么意思？

24. 女：听说考试的时候你是第一个离开考场的？

　　男：是呀，反正也不会。

　　问：下面哪句话是对的？

25. 男：玛丽，看来你已经适应这里的生活了呀。

　　女：那是当然，现在酸的、辣的，无论什么口味，我都吃得惯了！

　　问：玛丽怎么了？

第三部分

一共20个题，每题听一次。

例如：男：玛丽，你去哪里啊？

　　　女：去开会啊，不是说今天下午三点钟在留学生办公室开会吗？你还
　　　　　不去？

　　　男：是吗？我怎么不知道啊！没有人告诉我。

　　　女：现在我不是告诉你了吗？快点儿准备准备，我们一起去吧！

　　　男：太谢谢你了，幸亏遇到你了。

　　　问：今天在哪里开会？

现在开始第26题：

26. 女：麦克，我给你买的礼物你放在哪里了？

　　男：什么礼物？是这顶帽子吗？我可是每天都戴着呢！

女：我说的是昨天你生日，我为你选的礼物。

男：哦，你说那本词典啊！现在谁还看书呀？都用手机上网看。

问：下面哪句话是错的？

27. 男：走，亲爱的，咱们去花园逛逛吧！

女：哎呀，有什么好逛的？天气不好，环境又差！不如家里舒服！

男：是吗？我觉得出门走走对健康有好处。

女：好吧！既然你这么说，我就陪你去吧。

男：这就对了！回来我们路过商场，我给你买条新裙子！

女：你对我真是太好了。

问：他们可能是什么关系？

28. 女：杰克，马上就要放寒假了，你有什么打算？

男：我要准备 HSK 四级考试，哪儿都不去。

女：你也太努力了吧。其实，到处走走看看，会让我们认识不同的人，了解不同地方的文化，还能交到许多新朋友，对汉语学习很有帮助。

男：玛丽，你说的确实有道理。但是，旅游需要的不仅是时间，还需要钱呀！

问：男的是什么意思？

29. 男：还剩下这么多好吃的，你怎么就不吃了？

女：我吃饱了呀。你看，我一下子吃了两碗米饭。

男：别骗我了。我就知道你在减肥。

女：我也不想呀，可是安德喜欢身材好的女孩子。

问：关于女的，哪句话是错的？

30. 女：听说你还没有女朋友，要不要给你介绍一个呀？

男：真的吗？那太好了。

女：那你找女朋友的标准是什么呢？说来听听吧！

男：我喜欢皮肤白白的，头发长长的，不高不矮，不胖不瘦的女孩子。

女：哈哈，你说的不会是我吧？

问：女的是什么意思？

31. 男：小明今天没来上学，请问您知道原因吗？

女：什么？难道今天要上学吗？

男：又不是周末，又不放假，为什么不上学呀？

女：小明说今天学校安排足球比赛，不上课。

男：那他一定是在做梦！

问：小明怎么了？

32. 女：站住，请把垃圾扔进垃圾桶里去！

男：可是垃圾桶在哪里呀？

女：一直往前走，大约 200 米，路边有垃圾桶。

男：太远了，我不想去。

女：保护环境，爱干净，是我们每个人都应该做的。

男：好了好了，我去，我去还不行嘛。

问：关于男的，下面哪句话是对的？

33. 男：最近空气质量非常差，我建议你不要去外面跑步了。

女：那可怎么办？我计划每天至少运动一个小时呢。

男：你保持这样的习惯是很好的。不过，不是非跑步不可。

女：那你说说还能怎样？

男：可以等天气好去爬爬山啊！现在还流行在健身房里练习瑜伽、游泳呢。

问：下面哪种运动没有说？

34. 女：李刚，你怎么到处扔东西？这是在生谁的气呢？

男：除了梅梅，还能有谁？她一到周末就来给我打扫卫生，帮我收拾房间。

女：那还不好啊！这样的姑娘已经不多了，你还生气干吗呀？

男：可是她收拾房间的时候，把我参加汉语水平考试的准考证当垃圾扔掉了。

女：哦，原来是这样啊！

问：下面哪句话是错的？

35. 男：唉，一直以来我都不愿意坐飞机，我觉得还是汽车好。

女：这是为什么呀？飞机多快呀，从北京到成都最多几个小时。汽车的话，可就要很久呢。

男：我害怕呀，总是担心飞机不小心会从天下掉下来，到时候可怎么办啊！

女：你想多了吧！

问：女的是什么意思？

第 36 到 37 题是根据下面一段话：

这次运动会，我们班上的同学取得了非常不错的成绩。杰克在 1500 米跑步比赛中获得了男子第二名，而玛丽在 100 米游泳比赛中再次获得了第一名的好成绩。娜娜和莉莉分别在羽毛球比赛中获得第一名和第二名，尤其是我们班的乒乓球王子安德这次又是乒乓球比赛的冠军。他在中国生活了五年，但学习打乒乓球还不到一年半的时间，却在两次运动会中都得了第一名，让他的体育老师都感到吃惊，说他真是乒乓球王子！

36. 关于娜娜，下面哪句话是对的？

37. 安德学习打乒乓球多长时间了？

第 38 到 39 题是根据下面一段话：

清明节是中国的传统节日，已经有 2500 多年的历史。现在，每年的清明节前后会放假三天，让人们有时间安排清明节的活动，比如扫墓、踏青、放风筝等等。中国有 56 个民族，其中有 25 个民族过清明节，因此清明节是中国最重要的传统节日之一。

38. 现在清明节会放几天假？

39. 中国有多少个民族不过清明节？

第 40 到 41 题是根据下面一段话：

李爷爷今年 78 岁了，孩子们都在国外工作，妻子去世以后，他一个人生活。以前他常常会感到孤单，现在除了孤单，他越来越担心自己的身体。昨天他去超市买水果，回到家里，却怎么也找不到买的水果。他努力地回忆，还是没有想起把水果放在哪里了。今天散步的时候遇到超市的售货员，售货员告诉李爷爷，她看见李爷爷把水果扔进超市门口的垃圾桶里了。

40. 李爷爷最近总是担心什么？

41. 李爷爷买的水果在哪里？

第 42 到 43 题是根据下面一段话：

研究生毕业以后，我找到了一份轻松的工作，每天只要工作 6 小时，周末不需要上班，我感到很满意。这样过了一年，直到我遇到研究生同学小红。小红说，她每天工作很忙，一天要工作 12 小时，有时候晚上还要加班，周末也会被安排出差。虽然听起来工作辛苦，但是收入高。我听了之后非常羡慕，于是重新找了一份工作。新工作也给我带来了高收入，可是我却一点儿也不快乐，因为我每天都在忙，连和男朋友打电话的时间都没有了。

42. 说话人为什么羡慕小红？

43. 关于小红现在的工作，下面哪句话是错的？

第 44 到 45 题是根据下面一段话：

乔治是生活在中国的德国人，他刚刚 20 岁，是四川大学的一名大学二年级学生，他的专业是汉语。他住在留学生宿舍，每天骑自行车上课。在中国学习的两年里，他认识了很多中国朋友。有时候学习了新的内容，他就找中国朋友练习，所以乔治的汉语交流能力特别强。他还学会了做中国菜，包饺子、下面条。上次我请他到家里玩儿，我们一起做饭，他做的西红柿鸡蛋面，真是好吃极了。

44. 乔治每天怎么去上课？

45. 乔治怎么样？

听力考试现在结束。

HSK（四级）全真模拟试卷 ⑤ 答案

一、听 力

第一部分

1. ×	2. ×	3. ✓	4. ×	5. ×
6. ×	7. ✓	8. ×	9. ✓	10. ×

第二部分

11. B	12. C	13. A	14. D	15. C
16. B	17. D	18. C	19. D	20. C
21. C	22. D	23. C	24. D	25. C

第三部分

26. B	27. A	28. D	29. C	30. B
31. C	32. A	33. B	34. B	35. D
36. B	37. D	38. B	39. A	40. A
41. B	42. D	43. A	44. B	45. C

二、阅 读

第一部分

46. B	47. C	48. E	49. A	50. F
51. F	52. D	53. A	54. E	55. B

第二部分

56. ACB	57. BAC	58. CAB	59. ABC	60. ACB
61. BCA	62. ACB	63. CAB	64. BAC	65. CAB

第三部分

66. D	67. D	68. A	69. C	70. A
71. A	72. B	73. A	74. B	75. D
76. A	77. C	78. D	79. D	80. B
81. A	82. A	83. C	84. A	85. B

三、书　写

第一部分

86. 这种聚会穿衬衫比穿运动衫更正式。

87. 今年的表演跟以前的一样精彩。

88. 他是来大使馆找工作的。

89. 我们一起去公园散步吧。

90. 厨房的桌子上放着很多做好的菜。

91. 这家宾馆的南面有一个水果市场。

92. 这个组织的管理没有那个严格。

93. 他边听音乐边写作业。／ 他边写作业边听音乐。

94. 这趟航班是从北京飞往武汉的。

95. 这种白菜的价格是四元五角一公斤。／ 这种白菜的价格是一公斤四元五角。

第二部分
(参考答案)

96. 这个小女孩很害羞。

97. 大家都在为比赛加油。

98. 警察在检查他的行李。

99. 教室里拒绝抽烟。

100. 在海边约会很浪漫。

汉 语 水 平 考 试

HSK（四级）全真模拟
试卷 ⑥

注　　意

一、HSK（四级）分三部分：

    1. 听力（45 题，约 30 分钟）

    2. 阅读（40 题，40 分钟）

    3. 书写（15 题，25 分钟）

二、听力结束后，有 5 分钟填写答题卡。

三、全部考试约 105 分钟（含考生填写个人信息时间 5 分钟）。

一、听 力

第 一 部 分

第 1-10 题：判断对错。

例如：我打算去成都旅游，不知道你暑假有没有时间。如果有时间，我们可以
一起去旅游吗？

★ 他打算去成都旅游。 （ ✓ ）

我现在很少去教室自习，不是因为我不想去，而是因为最近天气不好，
天天下雨，所以我觉得去教室自习很麻烦。

★ 他现在经常去教室自习。 （ × ）

1. ★ 除了竹子，大熊猫不吃别的食物。 （ ）

2. ★ 安娜总是按时来上课。 （ ）

3. ★ 会议的时间改变了。 （ ）

4. ★ 他为苏菲的考试提供了帮助。 （ ）

5. ★ 小明学习不好，让爷爷很伤心。 （ ）

6. ★ 已经找到了解决问题的方法。 （ ）

7. ★ 可以通过电话提前买票。 （ ）

8. ★ 李雷很少感到孤单。 （ ）

9. ★ 小丽可能发烧三天了。 （ ）

10. ★ 成都给我的印象还不错。 （ ）

第二部分

第11-25题：请选出正确答案。

例如：女：快点儿走吧，马上要上课了！

男：没关系的，现在是两点半上课，还有半个小时呢！

问：现在是什么时候？

A 两点半　　　　B 上课了　　　　C 两点 ✓　　　　D 不知道

11. A 三元五角　　　　　　　　B 两元四角

　　C 九元四角　　　　　　　　D 五元九角

12. A 妻子和丈夫　　　　　　　B 男女朋友

　　C 老板和员工　　　　　　　D 不熟悉的人

13. A 要女儿尽可能多穿衣服　　B 要女儿不要穿太多的衣服

　　C 他自己说不明白　　　　　D 由女儿决定穿多少衣服

14. A 150元　　B 450元　　C 200元　　D 350元

15. A 又懒又笨　　　　　　　　B 幽默却怕困难

　　C 聪明但不爱干净　　　　　D 聪明却无趣的人

16. A 裙子不漂亮　　　　　　　B 担心没有吃的东西

　　C 裙子太贵买不起　　　　　D 女的吃得太多了

17. A 理发　　B 钓鱼　　C 滑冰　　D 游泳

18. A 明星　　B 售货员　　C 演员　　D 歌唱家

19. **A** 上午 8:20　　**B** 上午 9:00　　**C** 上午 6:20　　**D** 下午 6:20

20. **A** 弟弟拿他的书　　　　　　　　**B** 弟弟扔了他的文具

　　C 弟弟弄脏了他的衣服　　　　　**D** 他喜欢打弟弟

21. **A** 坐飞机　　**B** 坐汽车　　**C** 坐高铁　　**D** 坐轮船

22. **A** 冰淇淋　　**B** 蛋糕　　**C** 饺子　　**D** 鸡蛋

23. **A** 10 年　　**B** 8 年　　**C** 9 年　　**D** 19 年

24. **A** 看京剧　　**B** 吃火锅　　**C** 打网球　　**D** 踢足球

25. **A** 六年级三班教室　　　　　　　**B** 五年级二班教室

　　C 五年级三班教室　　　　　　　**D** 六年级二班教室

第 三 部 分

第 26-45 题：请选出正确答案。

例如：男：玛丽，你去哪里啊？

女：去开会啊，不是说今天下午三点钟在留学生办公室开会吗？你还

不去？

男：是吗？我怎么不知道啊！没有人告诉我。

女：现在我不是告诉你了吗？快点儿准备准备，我们一起去吧！

男：太谢谢你了，幸亏遇到你了。

问：今天在哪里开会？

A 在留学生办公室 ✓   B 在教室

C 在图书馆   D 在玛丽的宿舍

26. A 出租车上   B 警察局   C 动物园   D 公园

27. A 女的不喜欢用护肤品   B 女的不懂英文

C 男的是个翻译   D 女的不用国外的东西

28. A 吃了火锅   B 吃了脏东西

C 医生也不知道   D 吃得太多了

29. A 妹妹不喜欢女的   B 女的周末也许要加班

C 女的准备请假去参加婚礼   D 男的打算给女的买条裙子

30. A 深圳   B 新疆   C 广州   D 上海

31. A 宾馆   B 餐厅   C 体育馆   D 操场

32. **A** 机场的电视机里在播放广告

    B 男的没有买电动牙刷

    C 网上卖的电动牙刷比女的卖的一支便宜 50 元

    D 男的花了 150 元买了两支电动牙刷

33. **A** 妈妈很会包饺子　　　　　　**B** 妈妈做的饺子比女的做的好吃

    C 妈妈是个留学生　　　　　　**D** 妈妈要去参加比赛

34. **A** 踢足球　　　　**B** 打篮球　　　　**C** 游泳　　　　**D** 春游

35. **A** 不但汉语很流利，而且很会跳舞

    B 除了汉语说得好，没有什么特别的

    C 玛丽在北京的汉语比赛中得了第一名

    D 玛丽长得很漂亮，大家都很喜欢

36. **A** 售货员　　　　**B** 室友　　　　**C** 网店的老板　　**D** 室友的姐姐

37. **A** 可以学习汉语　　　　　　**B** 方便、便宜、服务好

    C 有时候买的东西质量不好　　**D** 老板很没有耐心

38. **A** 江苏省　　　　**B** 浙江省　　　　**C** 江西省　　　　**D** 黑龙江省

39. **A** 因为杭州的风景、历史和文化　　**B** 因为西湖有美丽的爱情故事

    C 因为杭州人喜欢喝茶　　　　　　**D** 因为杭州是个适合游玩的城市

40. **A** 信用卡十分方便，可以随便消费

    B 使用信用卡要有计划并按时还钱

    C 可以使用信用卡网上购物

    D 父母最后帮芳芳还了信用卡

41. **A** 挣钱还信用卡　　　　　　　　**B** 为了网上购物

　　　C 为了让父母开心　　　　　　　**D** 为了得到更多练习汉语的机会

42. **A** 打扮要正式，不能太随便　　　**B** 穿着随便一点儿

　　　C 必须要有好朋友陪着去　　　　**D** 说话的时候可以抽烟

43. **A** 没有适合他的工作　　　　　　**B** 他找工作不着急

　　　C 面试时他给老板的印象不好　　**D** 有许多比他更优秀的人也去面试了

44. **A** 先吃坏的，再吃好的　　　　　**B** 先吃好的，坏的扔掉

　　　C 先吃好的，再吃坏的　　　　　**D** 不管好坏，都随便吃

45. **A** 生活应该先苦后甜　　　　　　**B** 生活跟吃葡萄不一样

　　　C 生活中的坏葡萄不能吃　　　　**D** 生活比吃葡萄复杂多了

二、阅 读

第一部分

第46-50题：选词填空。

A 关于　　B 差　　C 到处　　D 坚持　　E 说明　　F 关键

例如：她每天都（ D ）走路上下班，所以身体一直很不错。

46. 森林公园里，冬日的阳光照在草地上，（　　）可见散步的游人。

47. 这篇文章（　　）了戒烟的重要性。

48. （　　）能不能在公司里抽烟的问题，我们之后会在代表大会上讨论。

49. 都过去四十五分钟了，公共汽车应该快到了，估计就（　　）一两站路了。

50. 他们俩分手的（　　）原因是两个人的脾气都不怎么样。

第 51-55 题：选词填空。

A 偶尔　　B 区别　　C 温度　　D 极其　　E 值得　　F 到底

例如：A：今天真冷啊，好像白天最高（ C ）才2℃。

　　　B：刚才电视里说明天更冷。

51. A：我们已经走了五公里了，怎么还没到你宿舍啊？你说的"附近"（　　）
　　　有多远啊？

　　　B：马上就到。到我们学校很近，但到我宿舍就有点儿远了，因为我们学校
　　　太大了。

52. A：我把银行卡密码告诉你，你帮我去自动取款机上取五百块钱吧。我下午
　　　有事，去不了。

　　　B：不要告诉我。保护好自己的密码是（　　）重要的，不然就不能保证你
　　　银行卡的安全。

53. A：学校食堂不应该再提供一次性筷子了，你觉得呢?

　　　B：嗯，一次性筷子对环境不好。你的建议很不错，（　　）考虑。

54. A：我们班上有一对姐妹是双胞胎，长得很像。连老师都（　　）不出来。

　　　B：哦，她们俩是我的邻居。这么多年了，我还分不清谁是姐姐、谁是妹
　　　妹呢。

55. A：昨天，我和朋友去吃四川菜了，特别辣，真让人受不了。

　　　B：是的，确实很辣。不过对我来说，（　　）吃一顿还是没问题的。

第二部分

第 56-65 题：排列顺序。

例如：A 可是今天起晚了

　　　B 平时我骑自行车上下班

　　　C 所以就打车来公司　　　　　　　　　　　　　　<u>B A C</u>

56. A 中国制造正在改变世界

　　B 其次，价格实惠

　　C 首先，质量可靠　　　　　　　　　　　　　　　　<u>　　　　　　</u>

57. A 却听不清在说什么。

　　B 房间里有灯光

　　C 也听到有声音　　　　　　　　　　　　　　　　　<u>　　　　　　</u>

58. A 然后再使用

　　B 请先确认电梯可以正常工作

　　C 进入电梯前　　　　　　　　　　　　　　　　　　<u>　　　　　　</u>

59. A 网上买票也很方便

　　B 但春节期间仍然有很多人买不到火车票

　　C 最近几年，中国的高铁发展很快　　　　　　　　　<u>　　　　　　</u>

60. A 普通话很流利

B 杰克在武汉大学留学五年了

C 甚至还能听得懂一些武汉话　　　_____

61. A 现在大城市的交通越来越堵

B 选择坐地铁

C 于是很多人放弃开车上班　　　_____

62. A 随着人口的增加

B 地球的环境压力越来越大

C 以及经济的增长　　　_____

63. A 绿色植物才能生长

B 万物生长离不开太阳

C 正是由于有了阳光的作用　　　_____

64. A 为了保护人民的生命安全

B 不管刮风下雨

C 警察们总是工作在第一线　　　_____

65. A 与他们的节约相反

B 现在的年轻人总是拿明天的钱办今天的事

C 父母那一代人往往把一元钱当两元钱花　　　_____

第三部分

第66-85题：请选出正确答案。

例如：她很活泼，说话很有趣，总能给我们带来快乐，我们都很喜欢和她在
一起。

★ 她是个什么样的人？

A 幽默 ✓　　　B 马虎　　　C 骄傲　　　D 害羞

66. 当你做决定时，要多听听周围人的意见。当然还需要判断哪些意见是有帮助的，哪些是无关轻重的。好听的意见不一定是好意见，而难听的意见却有可能是好意见。

★ 这段话主要想告诉我们：

A 别人的意见都对做决定有帮助　　B 好听的就是好意见

C 难听的不是好意见　　　　　　　D 做决定时应该多听别人的意见

67. 城市里开车的速度不能超过60公里每小时，高速公路上小汽车一般不能超过110公里每小时，且不能低于50公里每小时。高速上，开车太快或者太慢都会有危险，严重时会发生撞车。

★ 关于开车速度，下列说法正确的是：

A 城市里可以低于五十公里每小时

B 高速公路上四十公里每小时也没问题

C 城市里开七十公里每小时也没问题

D 高速公路上开车太慢会很安全

68. 随着科学技术的发展，手表的功能越来越多。白天戴上手表，可以告诉你一天走了多少路，还可以提醒你注意多运动；晚上戴上手表，可以告诉你睡了多久，还可以当闹钟，提醒你起床。到了月底，还会总结你这个月的健康情况。

★ 手表：

A 提醒你走路　　　　　　　B 提醒你多运动

C 提醒你多睡觉　　　　　　D 提醒你早睡觉

69. 信用卡使用起来很方便，出去购物不用担心自己带的钱不够，刷的钱全是借银行的，而不是自己的。不过你要按照规定的时间把钱还给银行，如果你在规定的时间前没有还钱，就需要给银行更多的钱。信用就是这样慢慢积累起来的。如果故意不还钱，信用度就会降低，以后买房、买车都会受到影响。

★ 信用卡：

A 钱是自己的
B 可以积累信用
C 还钱没有时间限制
D 不会影响买房

70. 2016 年是猴年，猴子是十二生肖中第九个动物。在中国文化中，生肖中的一个动物代表一天中的两个小时。下午的三点到五点属于第九个动物，在这个时候，猴子的叫声最长、最大，所以猴子被安排在第九个。

★ 关于猴子，下面哪一句话是对的？

A 2016 年猴子最多
B 动物中猴子的叫声最大
C 生肖中猴子代表十五点到十七点
D 猴子在动物中排第九

71. 袜子里放礼物的做法始于西方的圣诞节。圣诞老人会在圣诞夜爬到房顶上，并从房顶上的烟囱里往下扔礼物。而晚上睡觉时，袜子一般会挂在烟囱下面的壁炉上，所以礼物就会掉进袜子里。

★ 关于袜子，下面哪一句话是对的？

A 挂在烟囱上
B 每天都能从袜子里收到礼物
C 放礼物在袜子里的做法最开始在中国
D 圣诞老人的礼物一般会扔到袜子里

72. 养成写日记的好习惯对一个人的写作能力会有很大的帮助。写下自己在一天中遇到的事情，写下自己的心情和感受，不需要太长。这样你写文章的水平就会有很大的提高。当然，日记还可以帮你回忆起以前很多有趣的事情。

★ 写日记：

A 不是好习惯
B 帮你提高阅读水平

73. 王明是美国著名大学的博士研究生，他看不起国内的学生，连自己以前的老师也不放在眼里，经常在网上批评国内的大学教育。但其实王明是在美国没找到工作才回国的。

    ★ 王明：

    A 很耐心　　　B 很骄傲　　　C 很认真　　　D 很孤独

74. 一个富有的人，并不一定开心，因为精神上不一定富有；而一个贫穷的人，并不一定难过，因为精神上可能并不贫穷。所以说，钱虽然可以满足你的物质要求，但精神要求是需要自己通过阅读和学习来获得的。

    ★ 关于"富"和"穷"，下面哪一句是对的？

    A 金钱决定精神　　　　　　B 穷人很伤心

    C 富人很开心　　　　　　　D 阅读和学习满足精神要求

75. 上大学的时候，衣服都是自己用手洗，那时也不觉得有多累。工作后，衣服往洗衣机里一扔就不管了。偶尔停电，自己再用手洗衣服时，就感觉很不习惯。古人有一句话，"由俭入奢易，由奢入俭难"说的就是这种情况。

    ★ 根据这段话，下面哪一句是对的？

    A 上大学时洗衣服很累　　　B 工作后不再洗衣服

    C 工作后用手洗衣服也很适应　　D 工作后一般用洗衣机洗衣服

76. 在这次去北京的火车上，我对面坐着一个女孩，一直往我这边看，我以为她对我有意思呢，就主动跟她说话。后来才知道，她一直在看我旁边的男生，知道后我很不好意思，脸都红了。

    ★ 上次在去北京的火车上，发生了什么？

    A "我"旁边坐了一个女孩　　　B "我"以为那个女孩喜欢"我"

    C 女孩主动跟"我"说话　　　　D 那个女孩很害羞

77. 在中国，"干杯"就是要把酒杯里的酒喝完。不管啤酒、红酒，还是白酒，喝完才表示对对方的尊重，不喝完让人觉得不礼貌。而外国人一般不喝白酒，喝红酒和啤酒比较多，即使喝红酒，也是一点儿一点儿地喝，不会一饮而尽。

    ★ 关于喝酒，下面哪句话是对的？

| A 中国人喝酒要慢慢喝 | B 外国人喝白酒 |
| C 中国人喝酒剩一点才礼貌 | D 外国人喝红酒要慢慢喝 |

78. 上午坐电梯时，突然断电了。电梯停在了十楼和十一楼之间，什么也看不见，我害怕极了。我在里面大声地叫人来帮忙，可没人能听到我的声音。当我开始失去希望时，电梯门突然开了。这时我突然醒了，原来是一个梦啊。

★ 根据这段话可以知道发生了什么？

| A "我"真的掉了下去 | B 电梯停电了 |
| C 没人来帮"我" | D "我"刚睡醒 |

79. 招聘分校园招聘和社会招聘。校园招聘的范围较小，是为将要毕业的大学生准备的；社会招聘的范围很大，是为已经工作了的或者毕业后还没找到工作的人员准备的，需要有工作经验才行，其竞争往往比校园招聘要大很多。

★ 关于招聘，下面哪一句话是对的？

A 学生可以参加社会招聘

B 有工作经验的人可以参加校园招聘

C 社会招聘比校园招聘的范围大

D 校园招聘竞争大

80-81.

现在很流行手机上网打车，例如用"滴滴"、"优步"等手机打车软件打车。动一下手指，就能在手机上打到快车、出租车和专车，不必先去路边等车来。打到车后，司机会来接你。快车比出租车便宜，但有时司机不熟悉路，会比较慢。专车比出租车贵，但比出租车舒服。所以人们可以根据自己的需要来选择适合自己的车。另外，手机上网打车还可以预约明天或后天的车。例如明天早上四点就要去机场赶飞机，这时你就可以提前跟司机约好时间和地点，司机就会提前来接你。

★ 手机上网打车：

| A 使用的人不多 | B 只能打出租车 |
| C 很方便 | D 会比较慢 |

★ 根据这段话，下面哪一句是错的？

| A 快车很贵 | B 专车比快车贵 |
| C 可以提前打车 | D 司机会去接你 |

82-83.

食品安全对一个国家来说很重要。食品的质量影响着人们的身体健康状况，因此食品安全一直是老百姓关注的话题。近些年来，奶粉、酸奶、食用油等问题食品的出现，让人感到十分不安。不过，自从国家开始重视这方面后，现在已经有了很大的改变。人们吃饭比以前放心多了。

★ 食品安全：

A 国家越来越重视　　　　　B 老百姓不关心

C 问题很少　　　　　　　　D 没有出现问题

★ 根据这段话，下面哪一句话是对的？

A 国家不重视食品安全　　　B 食品安全问题有了很大改变

C 奶粉没出现过问题　　　　D 大家对食品安全一直感到不安

84-85.

做生意就是以低价格买进来，然后再以高价格卖出去，中间的差价就是自己赚到的钱。看似很简单，其实很难。自从有了网上购物，做生意变得简单了很多。例如通过淘宝网，农民可以把自己家种的大米放在网上卖。有买家的话，把东西寄过去就行了。这样就省去了开商店，吸引顾客的麻烦事。当然，在网上买东西还要注意商品的真假。如果买到了假东西，一定要及时告诉相关部门来解决。

★ 做生意：

A 很简单　　　B 高价买进　　　C 低价卖出　　　D 可以赚差价

★ 网上购物：

A 没有假商品　　　　　　　B 买家需要开商店

C 卖家需要把商品寄给买家　　D 很难很麻烦

三、书 写

第一部分

第 86-95 题：完成句子。

例如：那座桥　800 年的　历史　有　了

　　　　<u>那座桥有 800 年的历史了。</u>

86. 西红柿炒鸡蛋　这盘　一点儿　也没有　鸡蛋

87. 戴着　帽子　上课时　总是　他

88. 在镜子前　打扮　她　一直　到下午两点一刻

89. 多远　从你家　有　的距离　到地铁站

90. 一样　这张照片的　和　大小　那张的

91. 猪　给吃　让　西瓜　了

92. 食物　院里的　被　弄脏了　狗

93. 飞机　我们　乘坐　去出差　这次

94. 极了　菜市场上的　新鲜　今天　鱼

95. 花儿　有　一朵　瓶子里　漂亮的

第二部分

第96-100题：看图、用词造句。

例如：  乒乓球 <u>她很喜欢打乒乓球。</u>

96.  批评　97.  扔

98.  收拾　99.  羡慕

100.  原谅

HSK（四级）全真模拟试卷 ⑥ 听力材料

（音乐，30秒，渐弱）

大家好！欢迎参加 HSK（四级）考试。
大家好！欢迎参加 HSK（四级）考试。
大家好！欢迎参加 HSK（四级）考试。

HSK（四级）听力考试分三部分，共45题。
请大家注意，听力考试现在开始。

第一部分

一共10个题，每题听一次。

例如：我打算去成都旅游，不知道你暑假有没有时间。如果有时间，我们可以一起去旅游吗？

　　★ 他打算去成都旅游。

　　我现在很少去教室自习，不是因为我不想去，而是因为最近天气不好，天天下雨，所以我觉得去教室自习很麻烦。

　　★ 他现在经常去教室自习。

现在开始第1题：

1. 大熊猫是中国的国宝，它们吃植物也吃肉。竹子是大熊猫的主要食物。

　　★ 除了竹子，大熊猫不吃别的食物。

2. 同学们，我们已经开学了！请一定按时上课，不要迟到，在这里尤其要提醒安娜。

　　★ 安娜总是按时来上课。

3. 真没想到这次会议的时间竟然被推迟了一个星期，早知道我就晚点儿回国了。

　　★ 会议的时间改变了。

4. 这次我能顺利通过考试，要好好感谢苏菲，她为我提供了许多帮助。

　　★ 他为苏菲的考试提供了帮助。

5. 李爷爷的孙子小明的体育成绩非常不错，但英语和数学每次考试都不及格，老人家为此常常生气难过。

　　★ 小明学习不好，让爷爷很伤心。

6. 关于如何解决这个问题，大家已经讨论一个多星期了，仍然没有结果。

　　★ 已经找到了解决问题的方法。

7. 春节回家过年可以提前60天网上买票和电话订票。

　　★ 可以通过电话提前买票。

8. 李雷小时候，父母很少在家，因此他从小就养成了一个人生活的习惯，但有时候也会感到非常孤单。

　　★ 李雷很少感到孤单。

9. 都三天了，医生还没有找到引起小丽发烧的原因，可真是让人担心啊！

　　★ 小丽有可能发烧三天了。

10. 上次去成都旅游，那里的吃的玩的，还有大熊猫，都给我留下了很深的印象。

　　★ 成都给我的印象还不错。

第二部分

一共15个题，每题听一次。

例如：女：快点儿走吧，马上要上课了！

　　　男：没关系的，现在是两点半上课，还有半个小时呢！

　　　问：现在是什么时候？

现在开始第11题：

11. 男：白菜一斤三块五，西红柿一斤两块四，您要多少？

　　女：给我来两斤白菜、一斤西红柿吧。

　　问：女的要给男的多少钱？

12. 女：今晚见我爸妈，你就不能打扮打扮？
    男：又不是找工作，随便点儿不是更好吗？
    问：他俩是什么关系？

13. 男：女儿啊，现在已经是冬天了，衣服能穿多少就穿多少啊。
    女：您说这么多，到底是穿多少啊？
    问：男的是什么意思？

14. 女：快说说，一个月你要2000元，究竟用来干什么？
    男：吃饭1100，电话费150，网费100，交通费200，剩下的是房租。
    问：房租是多少？

15. 男：告诉老爸，你对杰克的感觉到底怎么样？
    女：他是个幽默、聪明而且不怕困难的人。可是不爱干净，实在让人无法
        接受。
    问：杰克是个什么样的人？

16. 女：亲爱的，你看这条连衣裙我穿起来多漂亮啊，给我买了吧？
    男：买是可以买，不过我们下个月吃什么呢？
    问：男的是什么意思？

17. 男：听说周末天气很好，咱俩是去钓鱼还是去滑冰啊？
    女：不是钓鱼就是滑冰，太无趣了！我要去理发，让自己变得美美的！
    问：周末女的去做什么？

18. 女：你知道吗？昨晚表演的那位演员居然是李明的妹妹。
    男：他妹妹是大明星？天哪，我一直以为他妹妹是学校超市售货员呢！
    问：李明的妹妹干什么工作？

19. 男：电影是8点20开始吗？我记得妈妈说的是9点钟才开始呢。
    女：你的耳朵是不是有问题呀？妈妈明明说的是18点20开始。
    问：电影什么时候开始？

20. 女：弟弟比你小，你怎么总是为了一点儿小事打弟弟！
    男：他扔我的文具，弄脏我的衣服，我都可以不管，可谁让他拿我的书？
    问：男的为什么打弟弟？

21. 男：周末去广州，你是坐飞机还是坐火车呀？

女：早就可以坐高铁去了，我买票了，比飞机便宜，比一般的火车、汽车速度快。

问：女的怎么去广州？

22. 女：医生，严不严重？不会要打针吧？

男：别担心。就是普通感冒，平时你要少吃生的、冷的、辣的食物，多喝水，多休息，很快就会好的。

问：下面哪种食物女的平时应该少吃？

23. 男：今天你究竟怎么了？一脸的不高兴。

女：今天是我们结婚十周年纪念日，你却只买了九朵玫瑰花，什么意思呀？

问：他们结婚几年了？

24. 女：这周末要是陪我去看京剧的话，下次我就陪你去打网球。

男：那就这么定了，看完后我带你去吃重庆火锅。

问：男的有什么爱好？

25. 男：请问这里是六年级三班的教室吗？

女：不是，这里是五年级二班。六年级三班在五年级三班对面。

问：女的在哪个教室？

第三部分

一共 20 个题，每题听一次。

例如：男：玛丽，你去哪里啊？

女：去开会啊，不是说今天下午三点钟在留学生办公室开会吗？你还不去？

男：是吗？我怎么不知道啊！没有人告诉我。

女：现在我不是告诉你了吗？快点儿准备准备，我们一起去吧！

男：太谢谢你了，幸亏遇到你了。

问：今天在哪里开会？

现在开始第 26 题：

26. 女：坏了，我把手机落在出租车上了，这可怎么办？
    男：你总喜欢丢东西，去公园玩儿，把包忘在椅子上；去动物园，把太阳镜弄丢了，真是的。
    女：现在不是批评我的时候，快给我想想办法吧。
    男：有什么办法呢？赶紧找警察去吧。
    问：女的在哪里丢了太阳镜？

27. 男：妈妈，我给您买的化妆品您怎么从来不用呀？
    女：你买的都是外国货，全是英文，我哪里看得懂呀？
    男：哦，是这样呀。我给您翻译翻译，您不就明白了吗？
    女：这还差不多。
    问：下面哪句话是对的？

28. 女：昨晚大家一起去吃火锅，怎么不见你来呀？
    男：快别说了，昨晚一直肚子疼。
    女：哦，是不是吃坏了肚子？去医院看了没？现在没事了吧？
    男：去看了，医生说不要紧，就是吃多了。
    问：男的为什么肚子疼？

29. 男：周末我妹妹结婚，你能跟我一起去参加她的婚礼吗？
    女：实在不好意思，我可能要加班。
    男：妹妹一直很喜欢你，如果你不能参加她的婚礼，她会很失望的。
    女：要不这样，我先跟老板请个假，如果老板允许，我一定陪你去。
    男：好的。晚上我陪你去买条新裙子，在妹妹婚礼上穿。
    问：下面哪句话是错的？

30. 女：真是烦死了，刚从广州出差回来，老板又让我去新疆。
    男：你不想去吗？要不咱俩换，我去上海。
    女：上海和深圳，我都去了无数次了，傻瓜才跟你换。
    男：那你还烦什么？
    女：出差那么辛苦，说几句都不行呀？
    问：女的要去哪里出差？

31. 男：您好！请问有什么需要帮助的吗？
    女：我的房间里没有网络，空调也坏了，电灯也不亮，麻烦你让师傅来修理一下。
    男：在您的床头有个柜子，请您打开，看看开关是不是开了。
    女：好的，我看看，稍等。哦，是的，是开关没有开，现在电灯亮了，也有网络了，但是空调还是不能用。
    男：请稍等，我马上派人来修。
    问：他们在哪里？

32. 女：大哥，不好意思，打扰您一下，您刚才在机场看到这个广告了吗？
    男：电动牙刷？嗯，刚才机场的电视机一直在播放这种牙刷的广告。
    女：这是最新款的牙刷，能清洁牙齿、保护牙齿，对健康很有好处。只要150元一支。
    男：我刚才在机场就已经用手机上网看了，网上才卖100元一支。
    女：哎呀，大哥，您别走，价格可以再商量。
    问：下面哪句话是错的？

33. 男：真没想到，你包的饺子这么好吃，比妈妈做的还美味。
    女：上次听你说妈妈很会包饺子，所以我很认真地去向妈妈学习了呢。
    男：你包的饺子已经超过妈妈很多了。
    女：真的吗？下个星期我们留学生课堂举行比赛，正好表现一下。
    男：太好了，我去给你加油。
    问：关于妈妈，下面哪句话是对的？

34. 女：天气预报说明天有雨，看来春游得取消了。
    男：这可怎么办？杰克知道了，肯定会很难过。
    女：要不带他去游乐园玩吧，在室内活动，下雨也不怕。
    男：嗯，是个好主意。里面还可以游泳，打乒乓球。
    女：就是，这都是杰克喜欢的运动。
    问：杰克喜欢什么运动？

35. 男：这次汉语比赛，你们学校是谁参加呀？
    女：你不是认识吗？就是留学生三班的玛丽。
    男：你说的是上次全校汉语比赛得了第一名的玛丽吗？这个姑娘不仅汉语好，舞也跳得好。

女：是啊，所以这次她代表我们学校去北京比赛，大家都对她很有信心。

问：玛丽有什么优点？

第36到37题是根据下面一段话：

我刚来中国的时候，不会说汉语，所以特别害怕逛街买东西。后来室友的姐姐教会我网上购物，我在电脑上就能买到自己想要的东西。不仅方便，而且网上卖的与超市里卖的一比较，不但质量一样，价格还便宜很多。最重要的是，网店的老板一个个服务都很热情，很细心，对我的任何问题都会耐心地回答，知道我是留学生的，都会夸我汉语棒，我渐渐地变得自信起来，学习汉语的兴趣也越来越大。

36. 谁教会"我"网上购物的？

37. 网上购物怎么样？

第38到39题是根据下面一段话：

杭州是浙江省的省会城市，那里有风景美丽的西湖，也有中国最好的大学之一——浙江大学，还有很长的历史和独特的文化，比如茶文化、丝绸文化等，因此在古代就有"人间天堂"的说法。我去过杭州很多次，每次都要去西湖游玩儿。关于西湖，有个美丽动人的爱情故事《白蛇传》。千百年来，这个故事感动了许许多多的人。

38. 杭州在中国的哪个省？

39. 杭州为什么被人们称为"人间天堂"？

第40到41题是根据下面一段话：

芳芳刚来中国的时候，为了方便，父母给她办了两张信用卡，一张是中国银行的，一张是中国工商银行的。父母告诉芳芳，使用信用卡时要有计划，并注意按时还钱，否则信用卡会产生费用。刚开始，她一直记住父母说的话，控制自己每月的花费，而且能按照银行发的短信，在规定时间内还钱。可是，慢慢地，她每月的花费越来越多。除了逛街购物，还经常网上购物，买了许多并不是十分需要的东西，结果每月无法顺利还钱。她的父母对此非常生气，决定不帮芳芳还钱。现在，芳芳每个周末都去咖啡馆打工挣钱还信用卡。

40. 上面一段话说明了什么？

41. 芳芳为什么要去打工？

第 42 到 43 题是根据下面一段话：

　　上个月小明毕业了，为了找工作，他每天看报纸、上网，寻找招聘广告。奇怪的是，他面试了各种各样的工作，却没有任何老板愿意给他工作。为了帮助他，好朋友小刚决定陪他去面试。今天小明准备去面试一份酒店管理员的工作。当小刚见到小明时，他吃惊极了。小明头发乱乱的，穿着也很随便，尤其是衣服，一看就知道几天没有换。面试等待的时候，坐得也不好，还一边说话一边抽烟。小刚回来一说，大家都明白为什么小明长期找不到工作了。

　　42. 面试的时候应该怎么做？

　　43. 小明为什么一直没有找到工作？

第 44 到 45 题是根据下面一段话：

　　今天和爸爸一起吃葡萄。他问我吃葡萄的时候是先吃好的还是先吃坏的。我说先吃好的，吃了好的，坏的就扔掉不吃了。爸爸说："应该先吃坏的再吃好的，这样才会觉得后面的葡萄更好吃。就像我们的生活一样，开始的时候先吃苦，等过上好日子，才会觉得日子越过越甜美。"我不同意爸爸的看法，我认为吃葡萄怎么能和生活相比呢？尤其是坏葡萄，既然坏掉了，又怎么能吃呢？听了我的解释，爸爸笑了，他认为我说的也对。

　　44. "我"是怎么吃葡萄的？

　　45. 爸爸的话是什么意思？

听力考试现在结束。

HSK（四级）全真模拟试卷 ⑥ 答案

一、听 力

第一部分

1. ×	2. ×	3. ✓	4. ×	5. ✓
6. ×	7. ✓	8. ×	9. ✓	10. ✓

第二部分

11. C	12. B	13. A	14. B	15. C
16. C	17. A	18. C	19. D	20. A
21. C	22. A	23. A	24. C	25. B

第三部分

26. C	27. B	28. D	29. A	30. B
31. A	32. D	33. A	34. C	35. A
36. D	37. B	38. B	39. A	40. B
41. A	42. A	43. C	44．B	45. A

二、阅 读

第一部分

46. C	47. E	48. A	49. B	50. F
51. F	52. D	53. E	54. B	55. A

第二部分

56. ACB	57. BCA	58. CBA	59. CAB	60. BAC
61. ACB	62. ACB	63. BCA	64. ABC	65. CAB

第三部分

66. D	67. A	68. B	69. B	70. C
71. D	72. C	73. B	74. D	75. D
76. B	77. D	78. D	79. C	80. C
81. A	82. A	83. B	84. D	85. C

三、书 写

第一部分

86. 这盘西红柿炒鸡蛋一点儿鸡蛋也没有。

87. 他上课时总是戴着帽子。／上课时他总是戴着帽子

88. 她在镜子前一直打扮到下午两点一刻。

89. 从你家到地铁站的距离有多远？

90. 这张照片的大小和那张的一样。

91. 西瓜让猪给吃了。

92. 院里的食物被狗弄脏了。／食物被院里的狗弄脏了。

93. 我们这次乘坐飞机去出差。／这次我们乘坐飞机去出差。

94. 今天菜市场上的鱼新鲜极了。

95. 瓶子里有一朵漂亮的花儿。

第二部分
（参考答案）

96. 爸爸在批评孩子。

97. 他把垃圾扔到了垃圾桶里。

98. 妈妈和女儿在收拾衣服。

99. 哥哥很羡慕妹妹有好吃的。

100. 男孩请女孩原谅她。

汉语水平考试 HSK（四级）答题卡

注意　　请用 2B 铅笔这样写：■

一、听力

1. [✓] [✗]
2. [✓] [✗]
3. [✓] [✗]
4. [✓] [✗]
5. [✓] [✗]

6. [✓] [✗]
7. [✓] [✗]
8. [✓] [✗]
9. [✓] [✗]
10. [✓] [✗]

11. [A] [B] [C] [D]
12. [A] [B] [C] [D]
13. [A] [B] [C] [D]
14. [A] [B] [C] [D]
15. [A] [B] [C] [D]

16. [A] [B] [C] [D]
17. [A] [B] [C] [D]
18. [A] [B] [C] [D]
19. [A] [B] [C] [D]
20. [A] [B] [C] [D]

21. [A] [B] [C] [D]
22. [A] [B] [C] [D]
23. [A] [B] [C] [D]
24. [A] [B] [C] [D]
25. [A] [B] [C] [D]

26. [A] [B] [C] [D]
27. [A] [B] [C] [D]
28. [A] [B] [C] [D]
29. [A] [B] [C] [D]
30. [A] [B] [C] [D]

31. [A] [B] [C] [D]
32. [A] [B] [C] [D]
33. [A] [B] [C] [D]
34. [A] [B] [C] [D]
35. [A] [B] [C] [D]

36. [A] [B] [C] [D]
37. [A] [B] [C] [D]
38. [A] [B] [C] [D]
39. [A] [B] [C] [D]
40. [A] [B] [C] [D]

41. [A] [B] [C] [D]
42. [A] [B] [C] [D]
43. [A] [B] [C] [D]
44. [A] [B] [C] [D]
45. [A] [B] [C] [D]

二、阅读

46. [A] [B] [C] [D] [E] [F]
47. [A] [B] [C] [D] [E] [F]
48. [A] [B] [C] [D] [E] [F]
49. [A] [B] [C] [D] [E] [F]
50. [A] [B] [C] [D] [E] [F]

51. [A] [B] [C] [D] [E] [F]
52. [A] [B] [C] [D] [E] [F]
53. [A] [B] [C] [D] [E] [F]
54. [A] [B] [C] [D] [E] [F]
55. [A] [B] [C] [D] [E] [F]

56. ____
57. ____
58. ____
59. ____
60. ____
61. ____
62. ____
63. ____
64. ____
65. ____

66. [A] [B] [C] [D]
67. [A] [B] [C] [D]
68. [A] [B] [C] [D]
69. [A] [B] [C] [D]
70. [A] [B] [C] [D]

71. [A] [B] [C] [D]
72. [A] [B] [C] [D]
73. [A] [B] [C] [D]
74. [A] [B] [C] [D]
75. [A] [B] [C] [D]

76. [A] [B] [C] [D]
77. [A] [B] [C] [D]
78. [A] [B] [C] [D]
79. [A] [B] [C] [D]
80. [A] [B] [C] [D]

81. [A] [B] [C] [D]
82. [A] [B] [C] [D]
83. [A] [B] [C] [D]
84. [A] [B] [C] [D]
85. [A] [B] [C] [D]

86-100 题接背面

三、书写

86.

87.

88.

89.

90.

91.

92.

93.

94.

95.

96.

97.

98.

99.

100.